ほっとする空海の言葉

文　安元剛
書　谷内弘照

二玄社

板彫弘法大師像　重要文化財　神護寺大師堂〈写真：永坂嘉光〉

はじめに

嬉しいこと、嫌なこと、悲しいこと、楽しいこと……人生の様々な出来事の中で、いつも心は、あちらへ、こちらへと揺れて行きます。もちろん、いつも楽しいことばかりあれば良いのですが、そうは行かないのが現実ですね。

そんな人生の全てに「大いなる楽しみ」（大楽《たいらく》）を見つけようとするのが、弘法大師空海が伝えた密教です。「大楽」といっても、普通にいう意味のたんなる「楽しみ」を、ただ大きくしたものではありません。それは、苦楽のいずれにもとらわれない、本当の意味で自由で安らかな、そして豊かな境涯のことです。

格調高い漢文で書かれた空海の言葉は、味わい深い響きを持つと共に、現代人にはそれなりの歯ごたえもあるでしょう。でも、一度、それが心に馴染んでくると、どんな人生の苦労でも「一つ、楽しんでみるか！」という勇気を与えてくれるのです。

平成二十二年の師走に

安元　剛

ほっとする空海の言葉　目次

四

一

心、はばたかせて——発心《ほっしん》の章

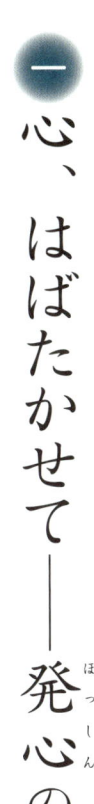

人の憤《いきどお》りを写す、何ぞ志を言わざらん

つのる思いを文に託して

突然、強風が吹き荒れ、木々のこずえは激しく揺れ動く。通りに置かれたものは倒れ、歩くのもままならない。けれど、日差しは明るく、木の芽もふくらみ、気の早い野草には、ほら、もう小さな花が。春一番です。

官僚をめざして都の大学に入った若き空海。しかし、ふとしたことから「もう一つの世界」に目覚めて、深山や海辺をさすらう旅に。一族の期待を振り切って仏道に入る志は、一つの対話篇に結晶します。「古《いにしえ》より人はつのる思いを文章に託してきた。どうして、志を述べないことなどあろうか」。彼の生涯は、喩えるなら、いのちの輝きをうたいあげた壮麗な舞台。これはその春の嵐のようなプロローグです。

人之写憤。何不言志。（『三教指帰』）

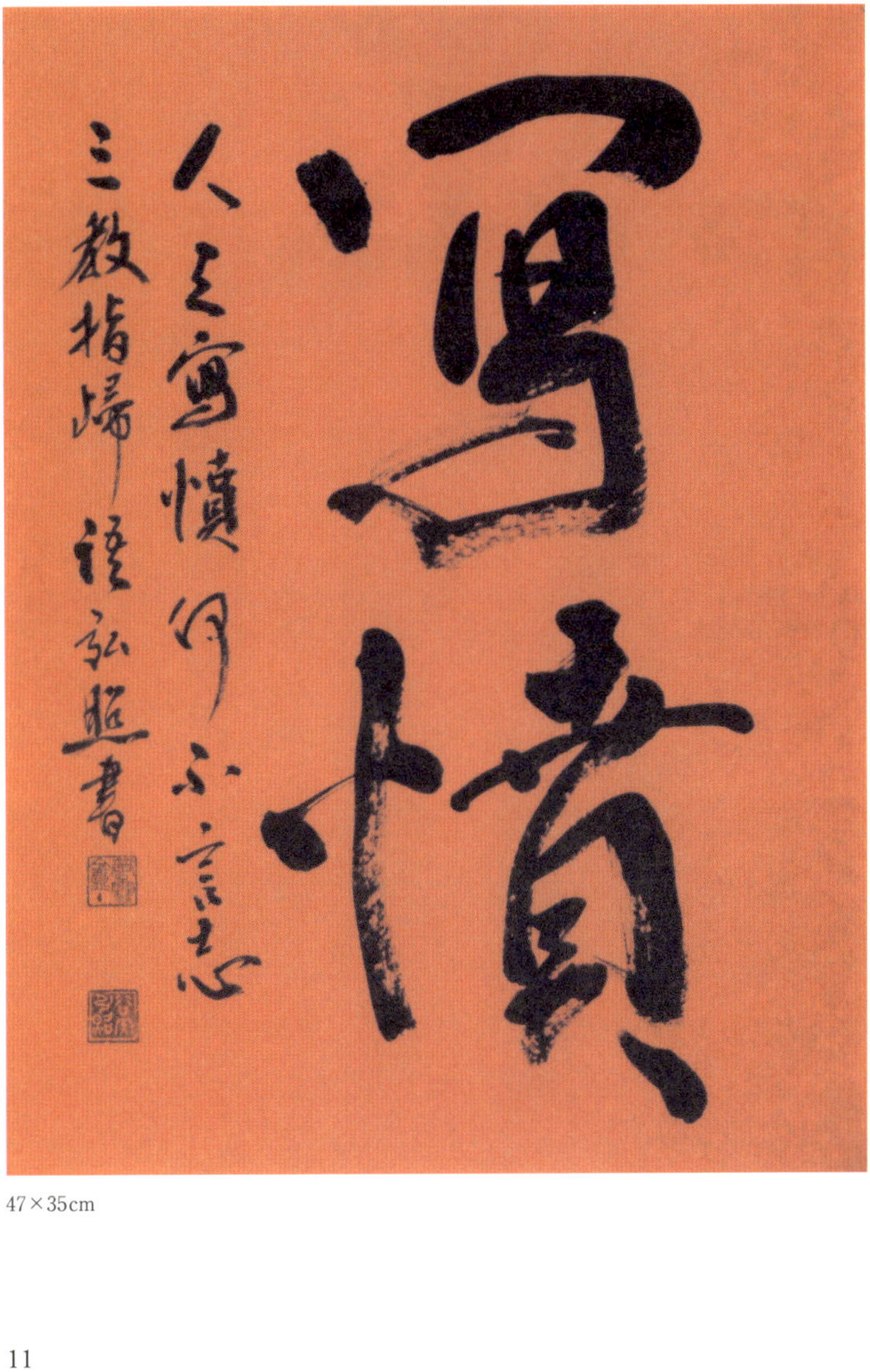

47×35cm

還《げん》源《げん》を思いとす

根源へのあこがれ

時はめぐり、人は走る。利を求め、愛を求め、力を求めて、〝時〟を追い抜こうとするかのようにあわただしく生き、運命が投げ与えた繁栄を享受する。そして、ある日、ふっと知る。「ああ、〝時〟はもう、私を追い抜いたのだ。死は近い」と。

〝時〟、それは荒波のよう。寄せては砕けて、いつ果てるとも知れない。〝人〟、それはあたかも、〝時〟の黒い波間に漂う小舟。でも、大海の底には静けさがある。心の奥底は、いのちの源につながっている。「心の声にうながされるままに、根源への思いを抱《いだ》き続け

32×137cm

ていました」……いのちの大海をのぞき込み、苦闘を重ねた若き日々を回想する、後年の空海の言葉です。

性熏勧我。還源為思。（『性霊集』「四恩の奉為《おんため》に二部の大曼荼羅を造る文」）

空海少年の日、好んで山水を渉覧《しょうらん》す

高野山への道

商都大阪。地方の衰退が語られて久しい昨今ですが、今も道頓堀には巨大なネオンが輝き、通天閣の下には串カツ屋が賑わいます。買い物客で賑わう難波《なんば》から、南に一直線に伸びるのは南海電鉄。帝塚山《てづかやま》、河内長野、橋本……ゴトゴト揺られて一時間余り、その名も「極楽橋」へ。乗り換えたケーブルカーから見える風景は、早くも深山幽谷。空海が開いた瞑想の道場、高野山への現代の道行きです。

心の声のままに、大学を離れ、仏道を求めて山野を放浪する若き空海。ある日、たまたま彼が眼にしたのは、八葉蓮華《はちようれんげ》のような山並みに囲まれた小さな盆地。白い龍のような渓流に潤されたその地こそが、高野でした。

空海。少年日。好渉覧山水。（『性霊集』「紀伊国伊都郡高野の峯にして入定の処を請け乞わせらるる表」）

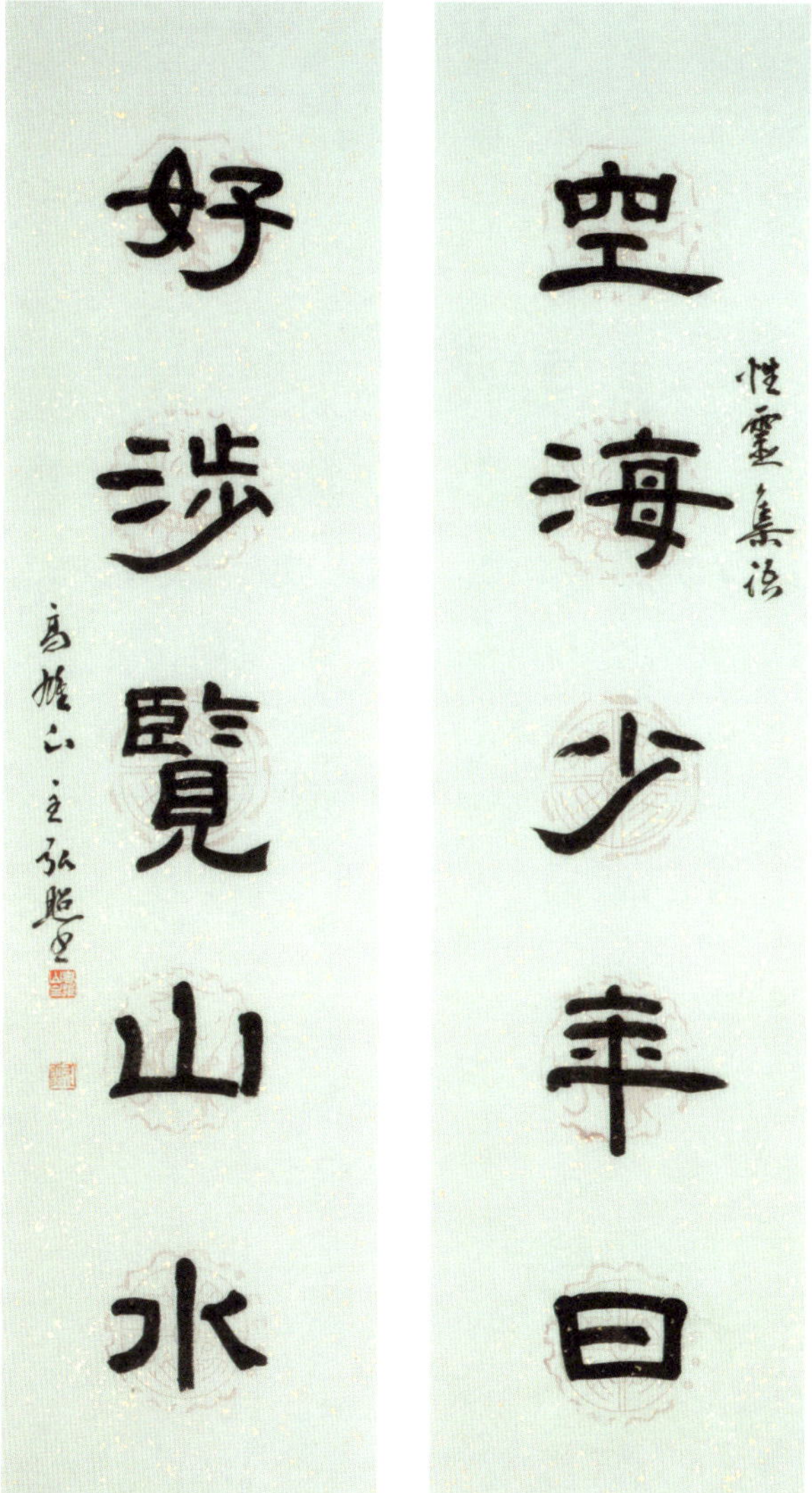

各139×35cm

谷響《ひびき》を惜しまず、明星来影《らいえい》す

密教との最初の出会い

満月の中、金色《こんじき》の菩薩は蓮華に坐したもう。美しいお顔には微笑みを浮かべ、冠には五つの仏を戴く。左手に、僅かに赤味を帯びた白い蓮華を持ち、その上に、黄色い光を放つ瑠璃《るり》色の如意宝珠《にょいほうしゅ》を乗せる。右手は衆生《しゅじょう》の願いを叶えるしぐさをする。……これは、若き空海が山野で行じた求聞持法《ぐもんじほう》の本尊、虚空蔵《こくうぞう》菩薩のお姿。

ある修行者からその瞑想法を教えられた空海。さすらいながら修行に励み、ついに土佐室戸崎《むろとさき》で、成就を迎えます。本尊のお姿を念じつつ、その真言を百万遍。静かに響く念誦《ねんじゅ》の声の内に見た明星は、菩薩の化身。それが持つ如意宝珠は、いのちが秘める無限の豊かさの象徴。空海の、密教への最初の開眼です。

谷不惜響。明星来影。（『三教指帰』）

36×49cm

朝市《ちょうし》の栄華念念《ねんねん》に之《これ》を厭う

世俗の栄華は消え行くもの

本物を見てしまうと、もう偽物は見れません。かつて圧倒された宮廷の威厳も、また、心躍らされた街の賑わいも、今となっては、ただの幻。栄華の頂きは衰退の始まり。美しい容姿も死んで腐る前の肉塊。室戸崎で見たものに比べれば、空海にとって、世間はこんなもの。愛着は、夜明けの闇のように消えて行く。

でも、この達観もまた無常。後の円熟した空海にとって、政治《まつりごと》は民の安らぎを実現する手段。通りを駆ける子供たちは、未来を担う宝。どちらも精魂込めて、大切に磨き上げていくべきもの。わがままな愛着は離れても、やさしい慈愛は失わない。とらわれなく、ねんごろに。名人芸とさえ言える、空海の生き方です。

朝市栄華。念念厭之。（『三教指帰』）

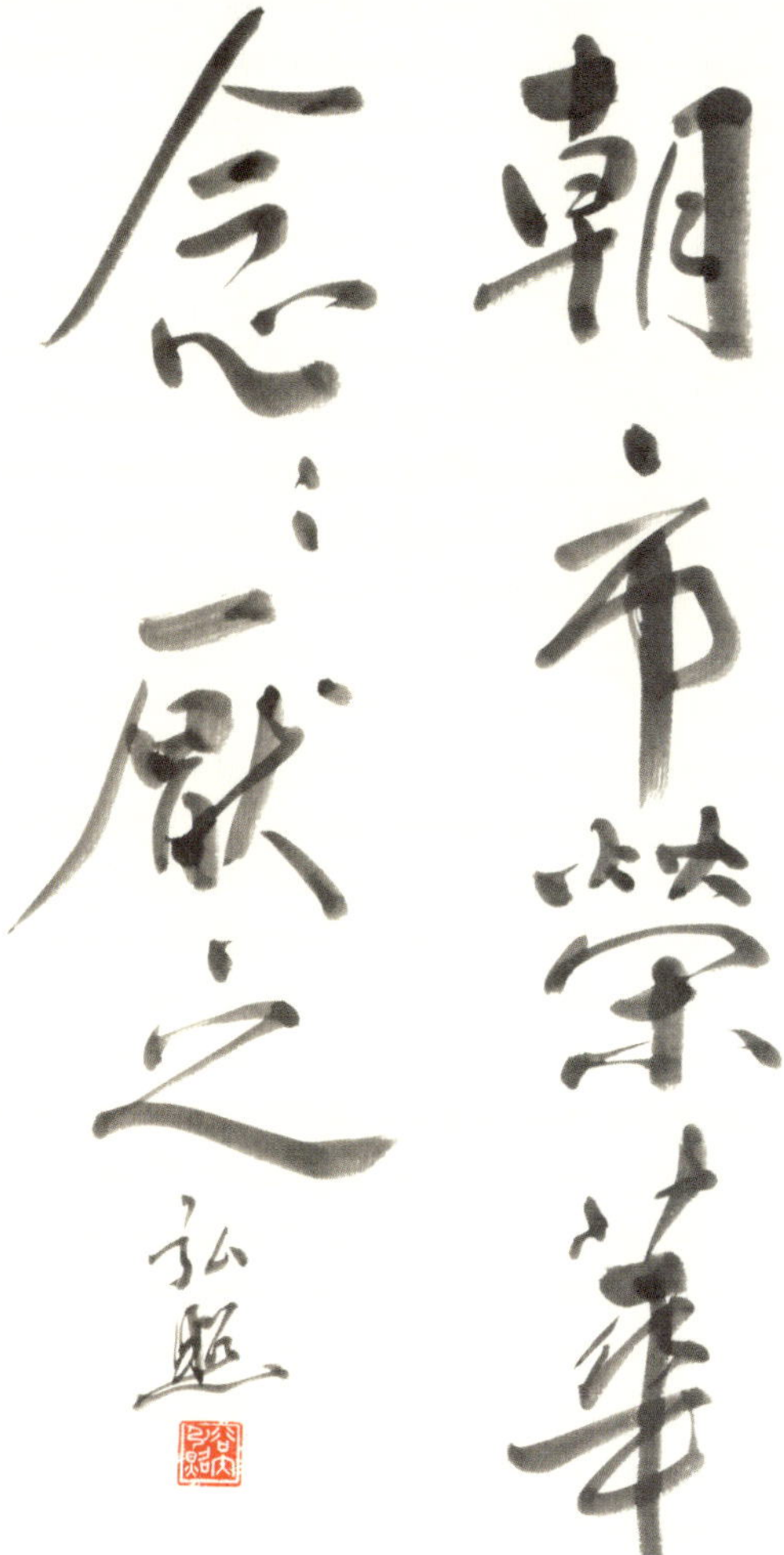

68×35cm

小孝は力を用い、大孝は匱《つ》きず

世の中への孝行

儒教。道教。仏教。空海の出家宣言は、これらを代弁する三人の対話です。その中で、最後に仏教を語るのが旅の僧、仮名乞児《かめいこつじ》。「黒髪剃り落とし、頭といえば銅色《あかがねいろ》。色艶失せて、顔を見れば瓦の肌」などと描写される、そのやつれた姿は、山野を放浪する若き空海の自画像です。

ある人いわく「主君や親を捨てた出家など、忠孝に反するのではないか」。それに対する仮名乞児の答えが、この言葉。「努力して親に仕えるのは小孝。天下に尽くすのが大孝。仏道修行で得

17×54cm

たものを国や両親に捧げることも大孝なのだ」と。「匱《つ》きず」とは、人々への貢献が尽きることない、という意味。「世のために生きよ」。空海の生涯のテーマが、もう、はっきりと出ています。

小孝用力。大孝不匱。（『三教指帰』）

生死海《しょうじかい》

いのちの荒海にも仏は宿る

生まれては死に、死んでは生まれる輪廻。なぜ、そんなことに？　仏教は説きます。「いのちあるものは皆、迷いの心により、本当は様々な縁から生まれた仮のものにすぎない〝自分〟にとらわれて、苦しみ多い来世の原因になる愚行を繰り返すからだ」と。そして、その連なりの、大海のような広がりが「生死海」。

「はかり知れない生死《しょうじ》の海。全てを産み出し、支配する」「そこに棲む魚はもの惜しみ、怒り、愚かさで、欲だらけ」「戒めの小舟も、大波に漂って魔物の島に流される」。仮名乞児がうたいあげるその姿は、おどろおどろしくも、力強い。「心の眼を開いて見れば、こんな怪物たち

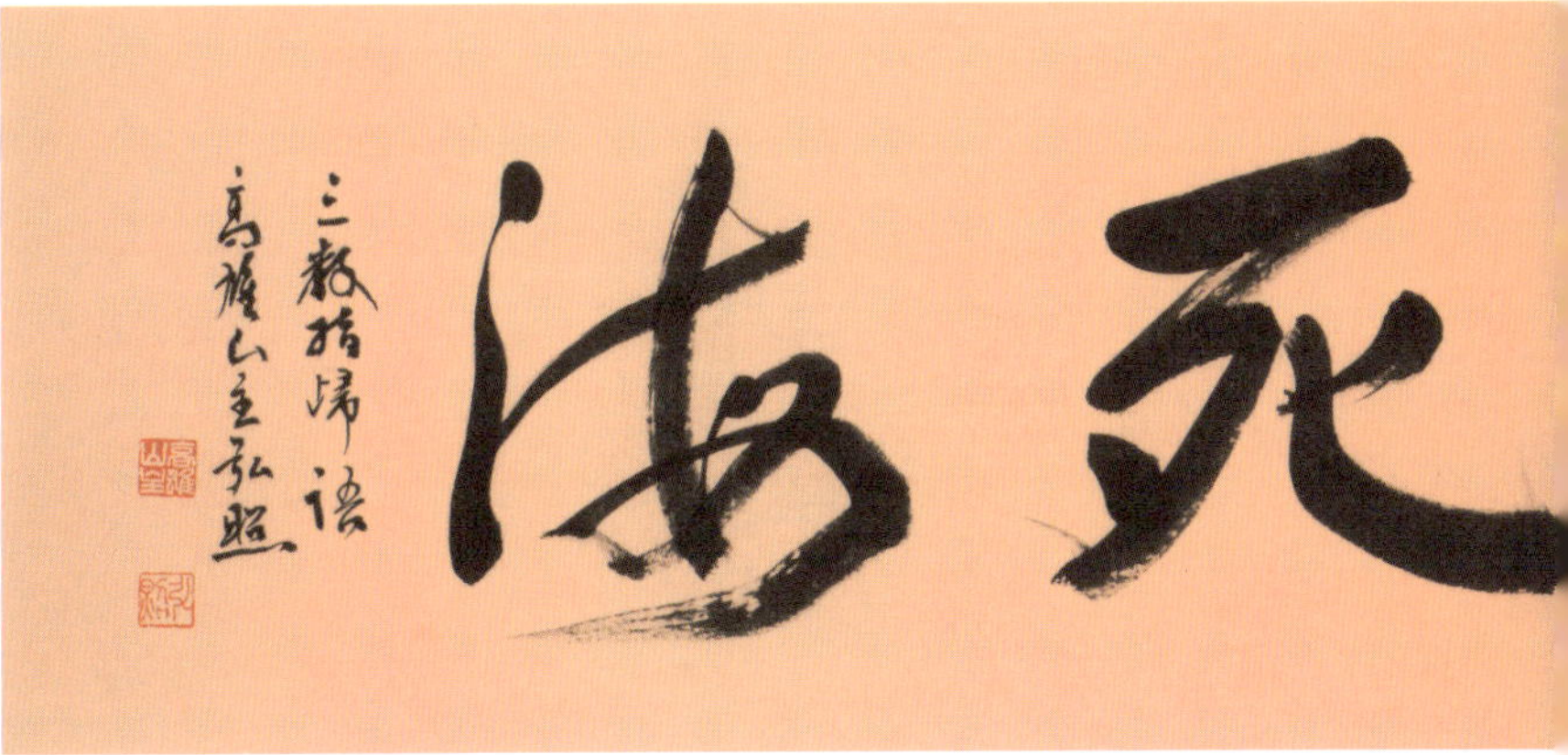

29×68cm

も仏なのだ」。それが後の空海の悟りでした。

正述生死海之賦。（『三教指帰』）

虚しく往《ゆ》きて、実《み》ちて帰る

師の思いやり深い心に満たされて

出家宣言の対話篇を書いて数年。その間の空海の消息を伝える確かな記録は、何もありません。ただ、引き続き仏道修行に励み、また後の著作に見る博学ぶりからすると、つてを頼るなどして、奈良の寺に所蔵される経典も精力的に学び取っていたのでしょう。こうした表に出ない緻密な準備も、彼らしいところです。

空海が歴史の表に再び現れるのは、三十一歳。いよいよ密教を求めて唐に渡ります。そこで出会った師は恵果《けいか》。「悩みを抱えて訪ねる人は、それぞれにふさわしく物心両面の援助で満たされて帰った」と空海が語る、恬淡《てんたん》な中にも思いやり深い心の老僧でした。もちろん空海も、そうした訪問者の一人です。

虚往実帰。（『性霊集』「大唐青龍寺故三朝の国師灌頂の阿闍梨恵果和尚の碑」）

7.2×7.2cm（印影）

此の法に遇《あ》うことの易《やす》からざるなり

出会いあればこそ

どんなにいのちに満ちた種でも、土に播かれ、水を得て、太陽の光を浴びて、人の手によってねんごろに育まれなければ、豊かな実りを結ぶことはできません。それと同じく、どんなに優れた才能を持つ人であっても、それを引き出してくれる人と場を得なければ、その開花は難しいでしょう。

「悟りを得るのが難しいのではない。それに導いてくれる教えに出会うのが難しいのだ」……空海の師、恵果はこう語ります。そして、教えはそれを伝える人あればこそ輝くもの。人と出会い、真実と出会う。それが人生を開きます。

非冒地之難得。遇此法之不易也。（『性霊集』「大唐青龍寺故三朝の国師灌頂の阿闍梨恵果和尚の碑」）

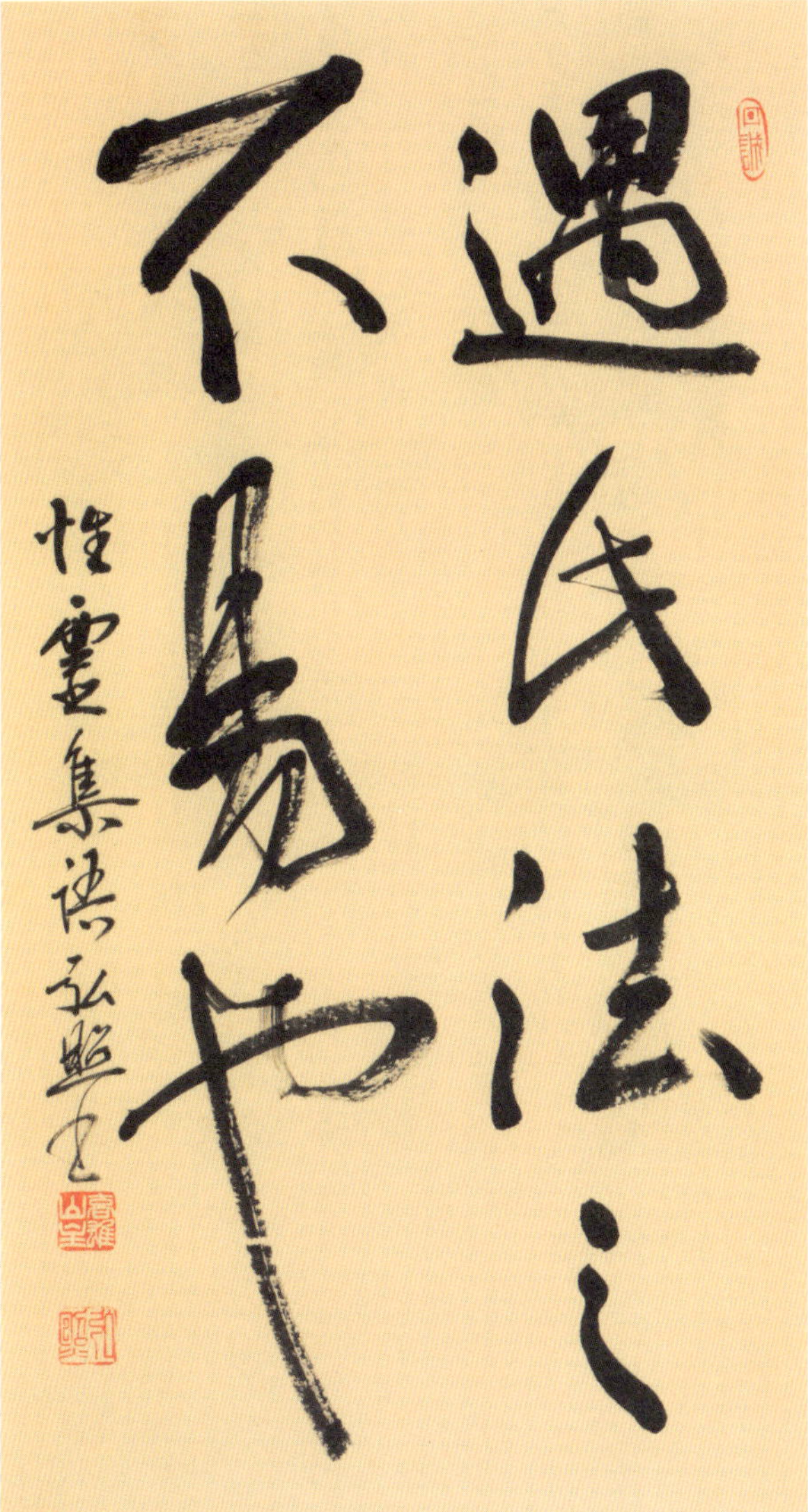

66×35cm

努力《つとめよや》、努力

一筋の道

仏教の開祖はお釈迦さま。インドの聖者として知られていますが、その生まれ故郷は、今の国境でいえばネパール。当時としては驚くべき長寿であったろう八十に達し、弟子たちを連れて故郷を目指す旅の途中、クシナガラでその最期を迎えます。その最後の言葉が「すべては移り行く。怠ることなく、努力せよ」。

空海の師、恵果《けいか》は語ります。「私が子供の頃、師の不空《ふくう》さまと出会った時に、〝おまえには密教を学び取る力がある。努力《つとめよや》、努力〟といわれたものだ」と。そして、その最期を間近にして、空海に語ったのが「早く故郷へ帰って、密教を伝えるのだ。努力、努力」。

お釈迦さまから不空、恵果、そして空海へと流れる一筋の道が、今、ここに輝きます。

……努力、努力！

汝其行矣伝之東国。努力努力。（『請来目録』）

86×53cm

時至り人叶《かな》いて道、無窮に被《こうむ》らしむ

時と人を得れば、道は尽きることがない

平和、人権、自由、平等。いずれもすばらしい近代の価値ですが、いつも当たり前のように人の世で認められてきた訳ではありません。本当は、歴史の中での激しい闘いを経て、勝ち取られてきたもの。だから、少しでも緊張感がゆるむと、たちまちそれはどこかへと消え去ってしまいます。

「適切な時と人を得てこそ、道は尽きることなく広まっていくものです」。唐からの帰国は目前。そんな時の空海が、海に面した越州《えっしゅう》の地方長官に述べた、使命感あふれる言葉です。「道といい、教えといっても、それは人なしにはあり得ない」。それが、空海の生涯をつらぬく信念でした。

時至人叶。道被無窮。（『性霊集』「越州の節度使に与えて内外の経書を求むる啓」）

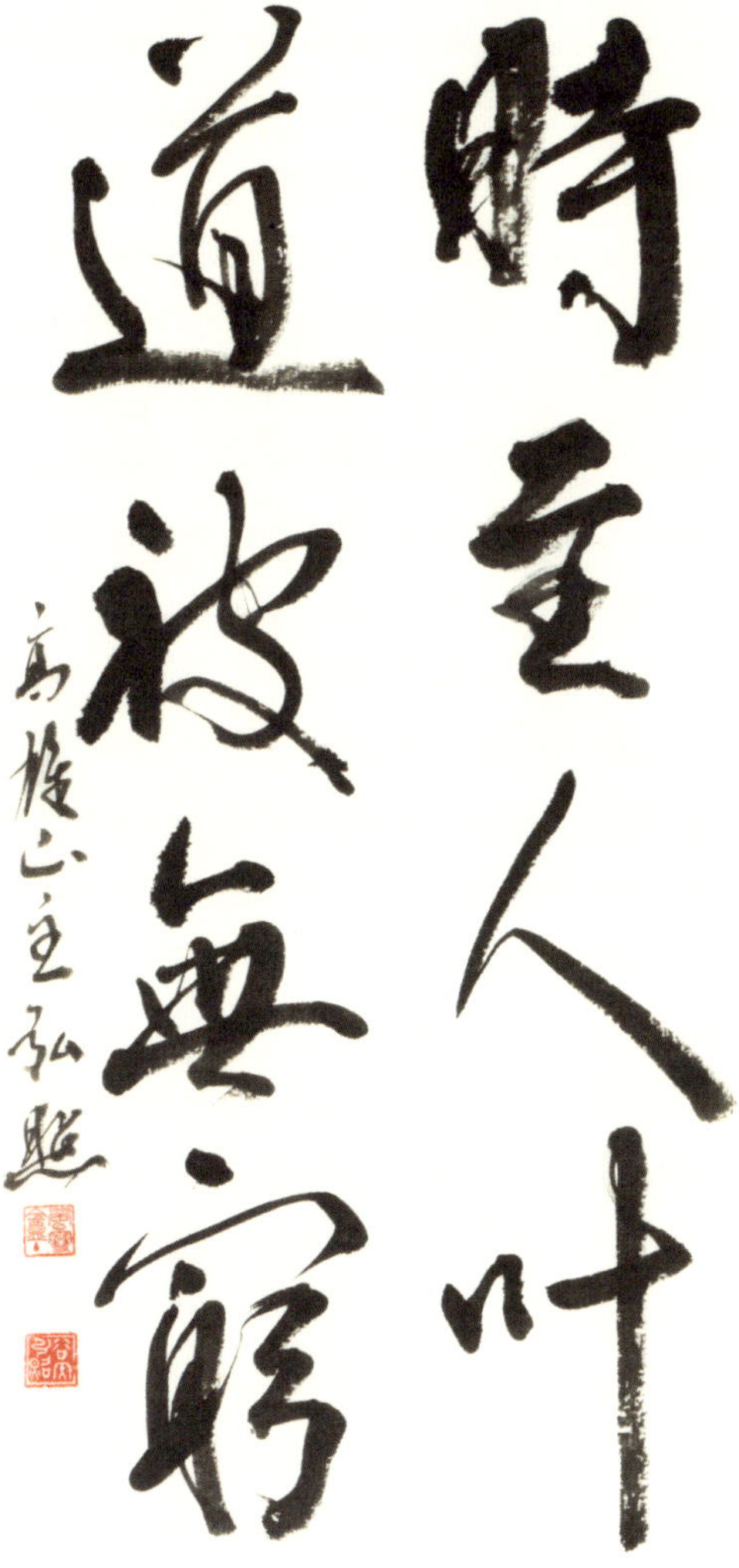

68×32cm

冬の凍《こおり》、春に遇《あ》えば即ち泮《そそ》ぎ流る

やがて春は訪れる

人の一生には、もしかしたら、何回か「もう、だめではないか」と思えてならない時があるのではないでしょうか？　そして、それは社会でも世界でも同じこと。今の日本も、あるいはそんな時期かもしれません。

でも、今まで順調だったのが行き詰まってしまったのなら、この行き詰まりにもまた、何かの拍子にころっと展望が開けてくることがあるかもしれません。逆境もまた無常です。それは、季節の移ろいのように過ぎ行くもの。だからこそ、希望も開けてきます。

これは、戒を受けて、いよいよ密教の僧となる弟子に、空海が贈った言葉です。

冬凍遇春即泮流。金石得火即消鎔。（『三昧耶戒序』）

冬凍遇春即注流

三昧耶戒序誅高隆心王弘題

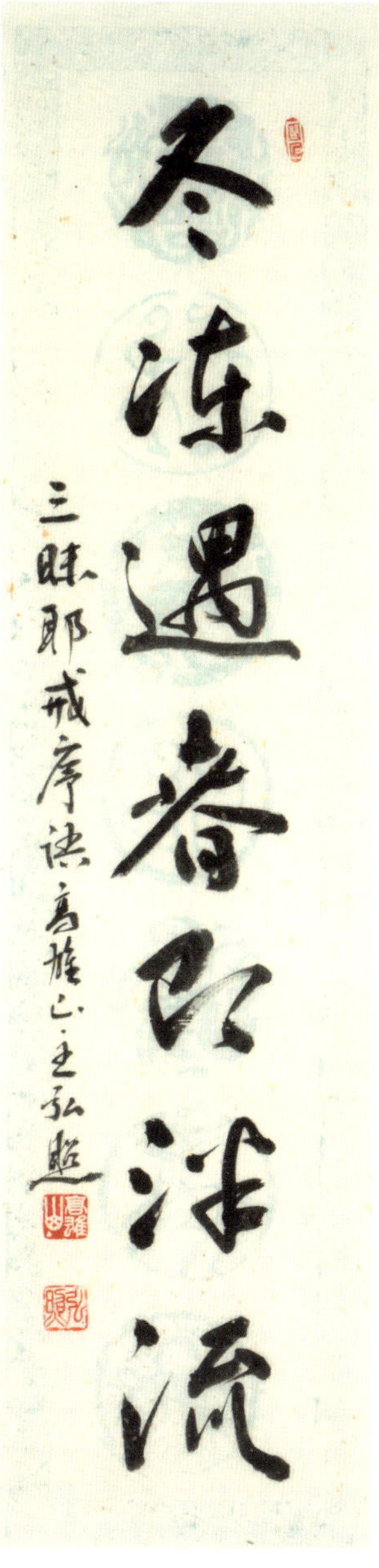

仏法は遥《はる》かに非《あら》ず、心中《しんぢゅう》にして即ち近し

真実はおのれの内に

昔、インドに「赤馬《しゃくめ》」という、とても足の達者な仙人がいました。ある時、「世界の果てを見てみよう」と思って、百年の間歩き続けましたが、どんなに行ってもたどり着けず、とうとう、力尽きて息絶えてしまいました。それについて、お釈迦さま。「世界の果てを、歩いて知ることはできない。世界は、わが身にある。わが身を知る者こそ、世界の果てを知り、苦しみの終わりにたどり着く」と。最も古いお経に出てくる話です。

空海の言葉も、その本質は同じこと。「おのれを見よ。真実はそこにある。迷うも悟るも、おのれ次第なのだ」と。おのれを問う。そこから仏教が始まります。

仏法非遥。心中即近。（『般若心経秘鍵』）

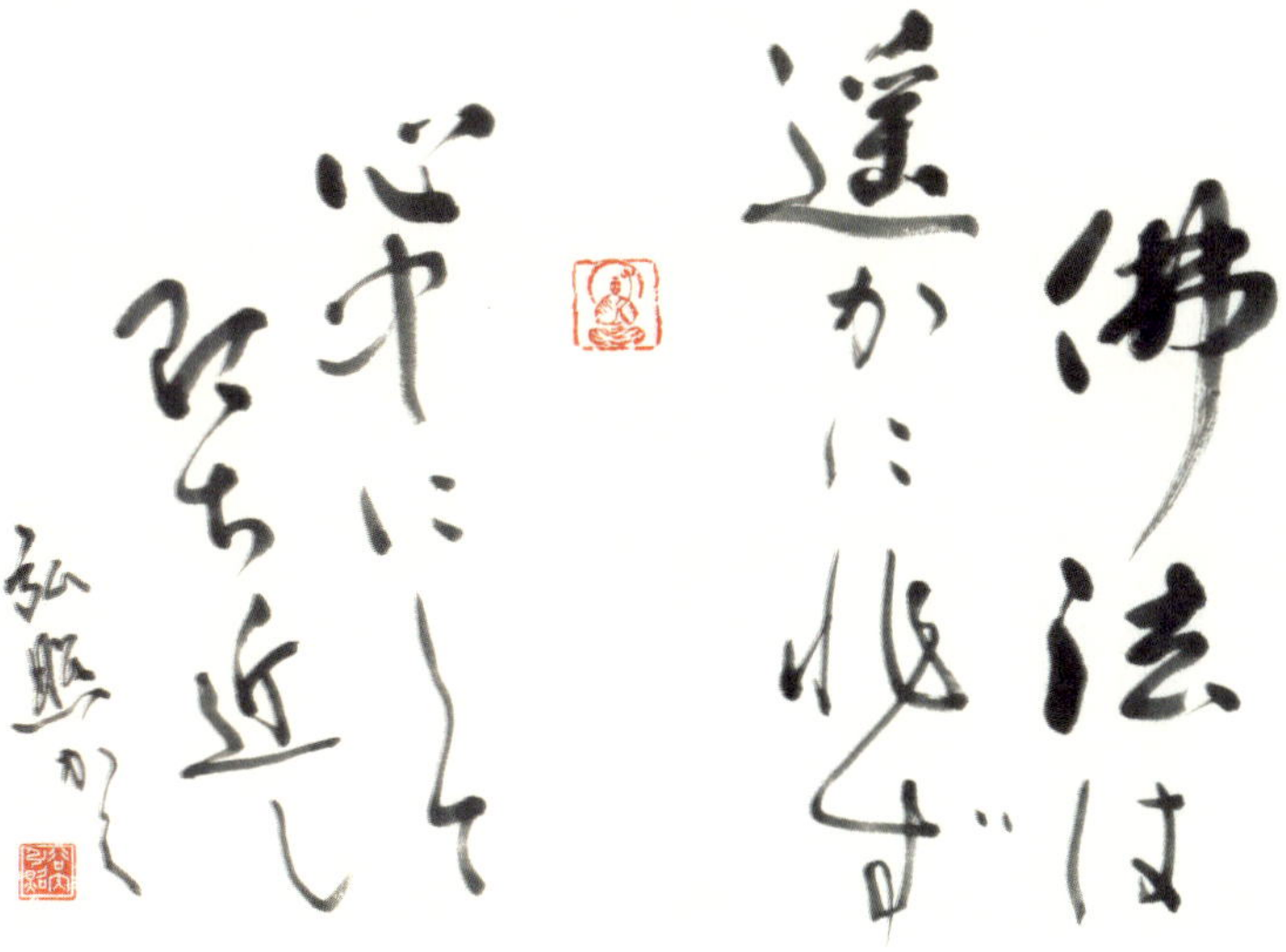

53×64cm

豈《あ》況《にいわ》んや、人間少々の果報をや

ケチな成果はいらない

勝ち組、負け組。つい、この前までの市場原理主義華やかなりし頃は、よくマスコミが騒いでいたもの。でも、あの金融危機で、いうならば世界中が負け組になった今では、さすがにいうも愚かなこと。だいぶ鳴りを潜めたようですね。

でも、仏教から見れば、本当はこんな区別をすること自体が、完璧な負け。「世間の八つの習わし」(世八法《せはっぽう》)とは、得と損、名誉と侮辱、賞賛と非難、そして楽と苦の四つのペア。前の四つが勝ち組、後の四つが負け組というところでしょうか？　でも、こんなことを気にしていたら、何も大きなことはできません。「世間のケチな成果は、目指しません」って、ほら、空海もいってますよ。

豈況人間少少果報乎。(『弘仁遺誡』)

莫说人间少长果报午

高雄乙巳立春弘艺

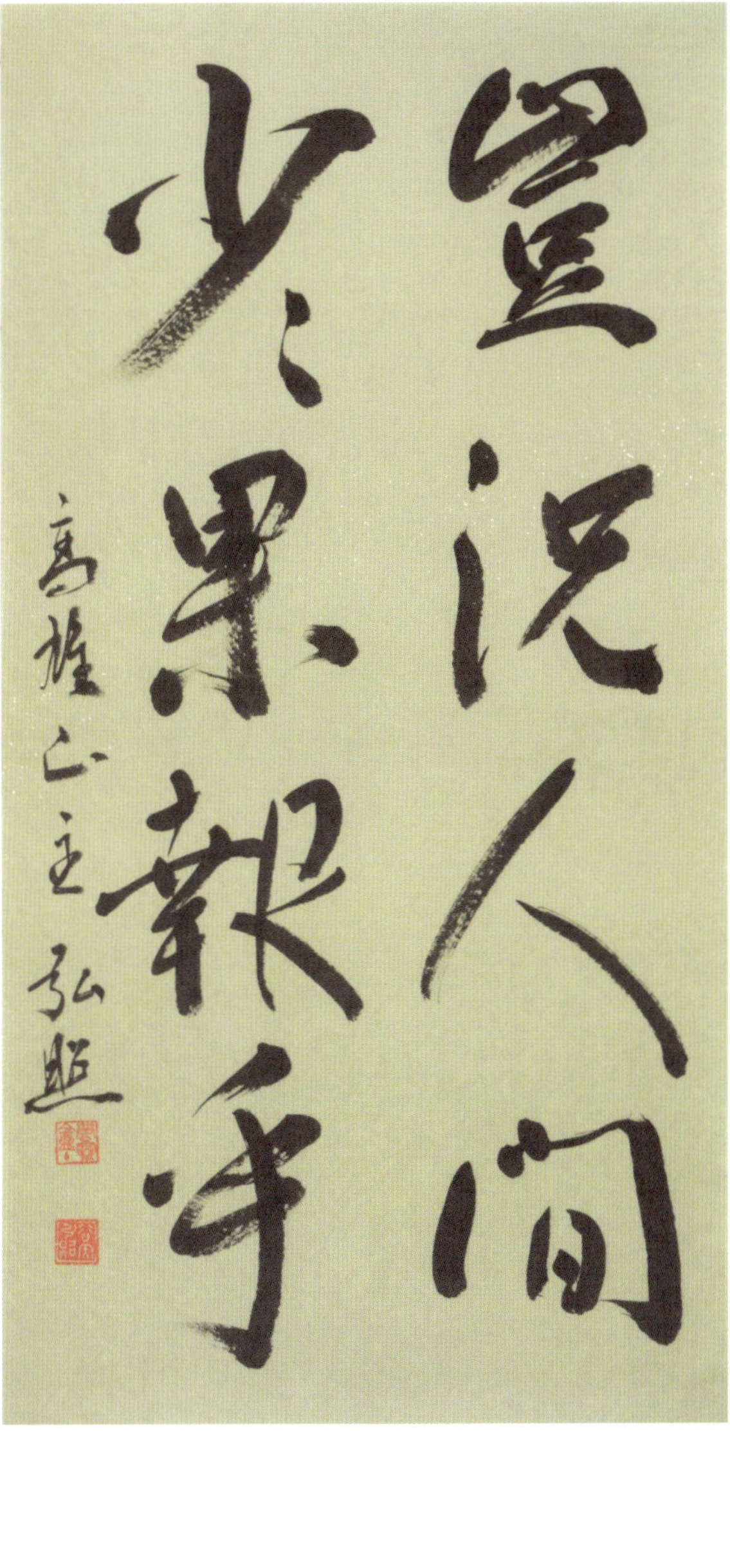

君見ずや、君見ずや

ご覧なさい、人の世の姿は

都会の朝の電車って、面白いですね。サラリーマンは、みんな揃って同じ経済紙。ビジネスマンの一般常識なのかも知れませんが、誰もが見てる大所高所の経済談義、はたして現場でどこまで役に立つのやら。一方、若い女性ははやりの服。流行に合わせて一斉に衣替えするあたり、ほとんど一糸乱れぬ勢いです。まあ、魅力的な着こなしなら結構ですが。君見ずや、君見ずや。

生じたものは、必ず滅ぶ。人も会社も、国家も恋も、これは避け得ぬ定めです。あまり疲れることに熱中するのも、いかがなものか、と。死を忘れるな《メメント・モリ》！　その時、はたして夢中になるに足るものは、この人の世にどれほどあるのでしょう？

君不見。君不見。（『性霊集』「山に入る興」）

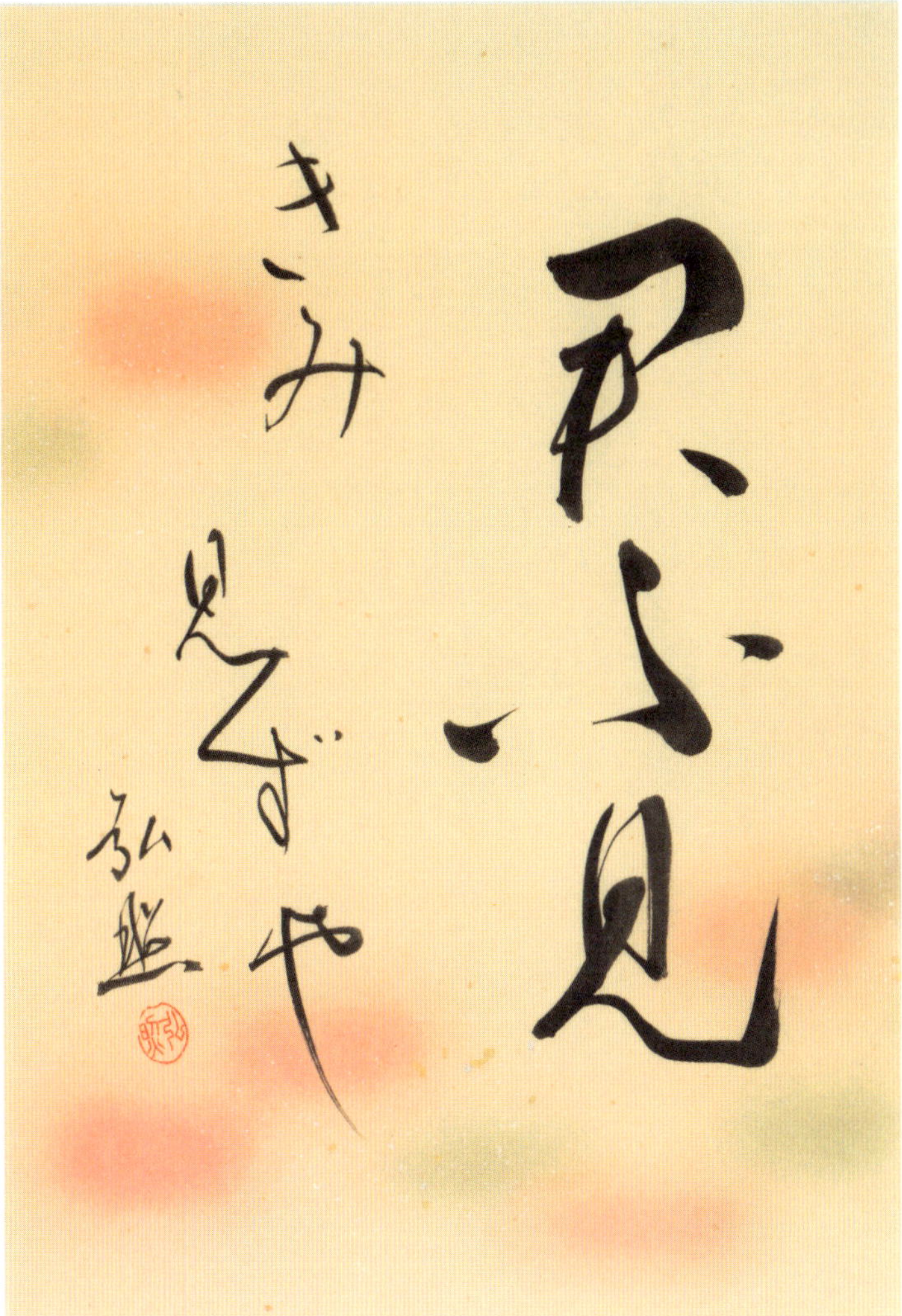

36×25cm

早く法身《ほっしん》の里に入れ

真実のふるさとへ

大空の色はどんな色？　青？　でも、夜になれば黒ですね。曇りの日には灰色。明け方、夕暮れには、オレンジ、紫、赤、黄が虹のようにキラキラ。青の時間と黒の時間の間に、一瞬、壮麗なダンスを見せてくれます。

私たちの心も、大空のよう。ある時は、迷い苦しみながらも、ある時は、からっと悟る。大空にも心にも定まれる性《さが》なし……だからこそ、いつか苦しみも雲のように消えていく。「法身」は心の本当の姿。きらめく光のように浮かぶ様々な想いは、実はマンダラの無数の諸仏です。「早く、それに気づくのだ」と。

斗藪。早入法身里。（『性霊集』「山に入る興」）

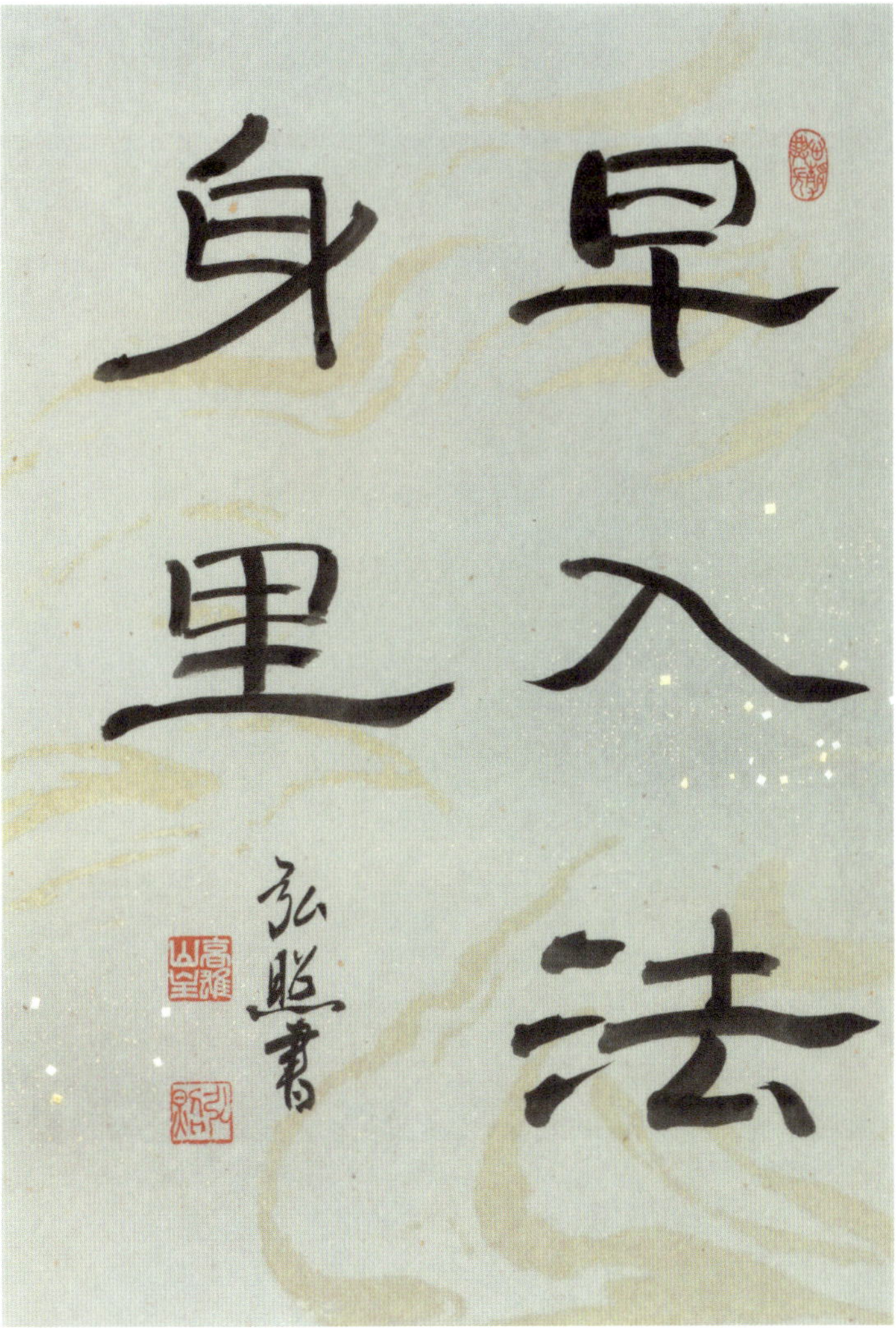

36×25cm

室戸の窟〈写真：永坂嘉光〉

二 沈思の旅——修行の章

生れ生れ生れ生れて生の始めに暗く、
死に死に死に死んで死の終りに冥《くら》し

生と死を繰り返すいのちの流れ

ガンジス！　ヒマラヤの氷河より起こり、茫々《ぼうぼう》たるインドの大地を潤し、灼熱のベンガルで海に消え去る、母なる大河。神話に、荒ぶる神シヴァの流れる黒髪に受けとめられ、天より降ったと語られる、聖なる川。それは、豊かな胸と腰を持つ、麗しい女神として崇められる。聖地ベナレスを訪れれば、それは祭りと葬りの川。賑わう町並の対岸には、無人の荒野が広がる。生と死をのみ込む濁流。

果てしなく生と死を繰り返す輪廻の苦しみを見つめるのは、仏道の常。でも、空海にかかると、それも何か、圧倒的ないのちの偉大さの方が強く心に響いてきます。そう、あの母なるガンジスのように。

生生生生暗生始。死死死死冥死終。（『秘蔵宝鑰』）

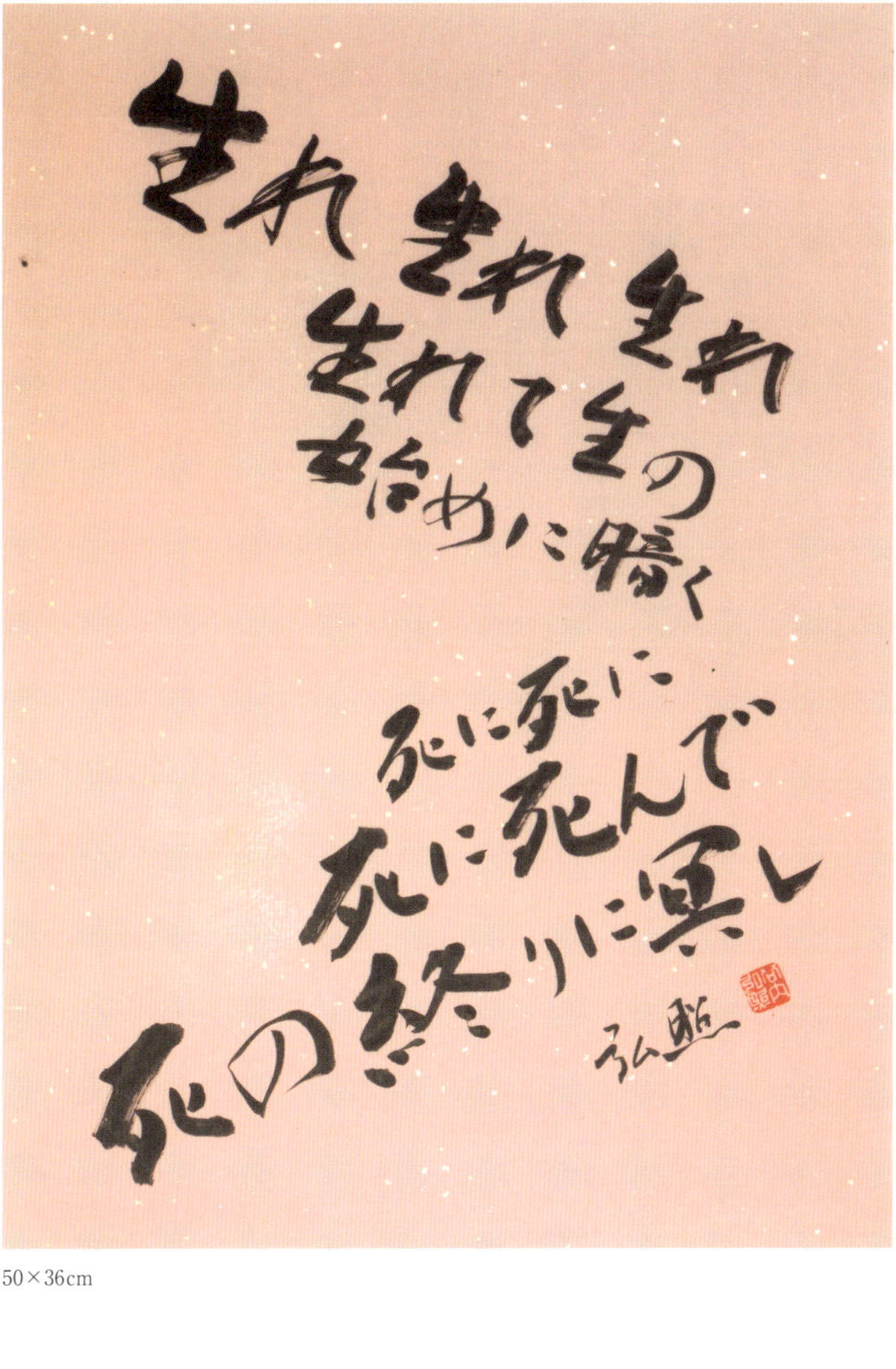
生れ
生れ生れ
生れて生の
始めに暗く
死に死に
死に死んで
死の終りに冥し

50×36cm

三界《さんがい》は家なし

定めなき輪廻の世界

「袖振り合うも多生《たしょう》の縁」。誰でも知ってることわざですが、「多少」ではなくて「多生」というところがミソ。「道ですれ違って、袖が触れ合うほどの小さなことでも、輪廻の中で何度も生まれ変わり、死に変わりしてくる内に結んだ縁によるものだ」という意味です。

空海は、その自画像である仮名乞児《かめいこつじ》に語らせます。「この世に家はない。輪廻には定めがない。ある時は天を、ある時は地獄を家とする。また、ある時、私はあなたの妻子であり、ある時は父母でもあったのだ」と。人との出会いは、いのちの大河に立つさざ波。そこから見れば、敵も味方も、全ては一瞬の幻。

三界無家。（『三教指帰』）

53×62cm

嘆くべし、嘆くべし、幻化《げんけ》の子

愛弟子は無常の時の彼方へ

大切な人の葬儀を終えた後の気持ちって、どんなものでしょう？　私の場合、二十年余り前に、まだ若くして母が死んだ時を思い出しますが、何か、死んでしまったのも、反対に、かつて生きていたのも、にわかには信じられない気がしたものでした。何もかもに現実感がなく、ただ、庭から摘んで棺に入れたホトトギスの花の紫と、広がる秋空の澄んだ青だけが、今も心に残っています。

空海の愛弟子で、甥でもあった智泉《ちせん》は三十七歳で夭折《ようせつ》。これはその追悼文の言葉です。「輪廻をさまよういのちは、幻の子のように虚《うつ》ろなものだ」。悲しみを隠さずに、仏を仰ぎつつ、愛弟子を無常の時の彼方へと見送る空海でした。

可嘆可嘆。幻化子。悠哉悠哉。乾城客。（『性霊集』「亡弟子智泉が為の達嚫文《だっしんもん》」）

69×35cm

高山に風起り易《やす》く、深海に水量《はか》り難し

人の迷いが深いほど

冬の都会で、ビルの間を吹き抜ける強風。いわゆる「ビル風」ですね。これは高い山でも同じこと。その怖さは、若い頃から山での修行になじんでいた空海も、身をもって知っていたはずです。欲望も高まるほどに、それを打ち砕く無常の風は厳しいもの。先の金融危機などは、まさにその好例でしょう。

空海はいいます。「人の迷いが深いほど、それを救おうとする仏の智慧も深い。そう、それはまるで底知れぬ海のようだ」と。

山中深くに隠れ、瞑想の中から人の世を見わたす空海。世俗でのエネルギッシュな活動をいとわぬ彼なればこそ、こうした沈潜の一時も深かったはずです。

高山風易起。深海水難量。（『性霊集』「山に遊んで仙を慕う詩」）

高山風易起
流水難為墨

性靈集摘

高雄乙未王弘毅篆

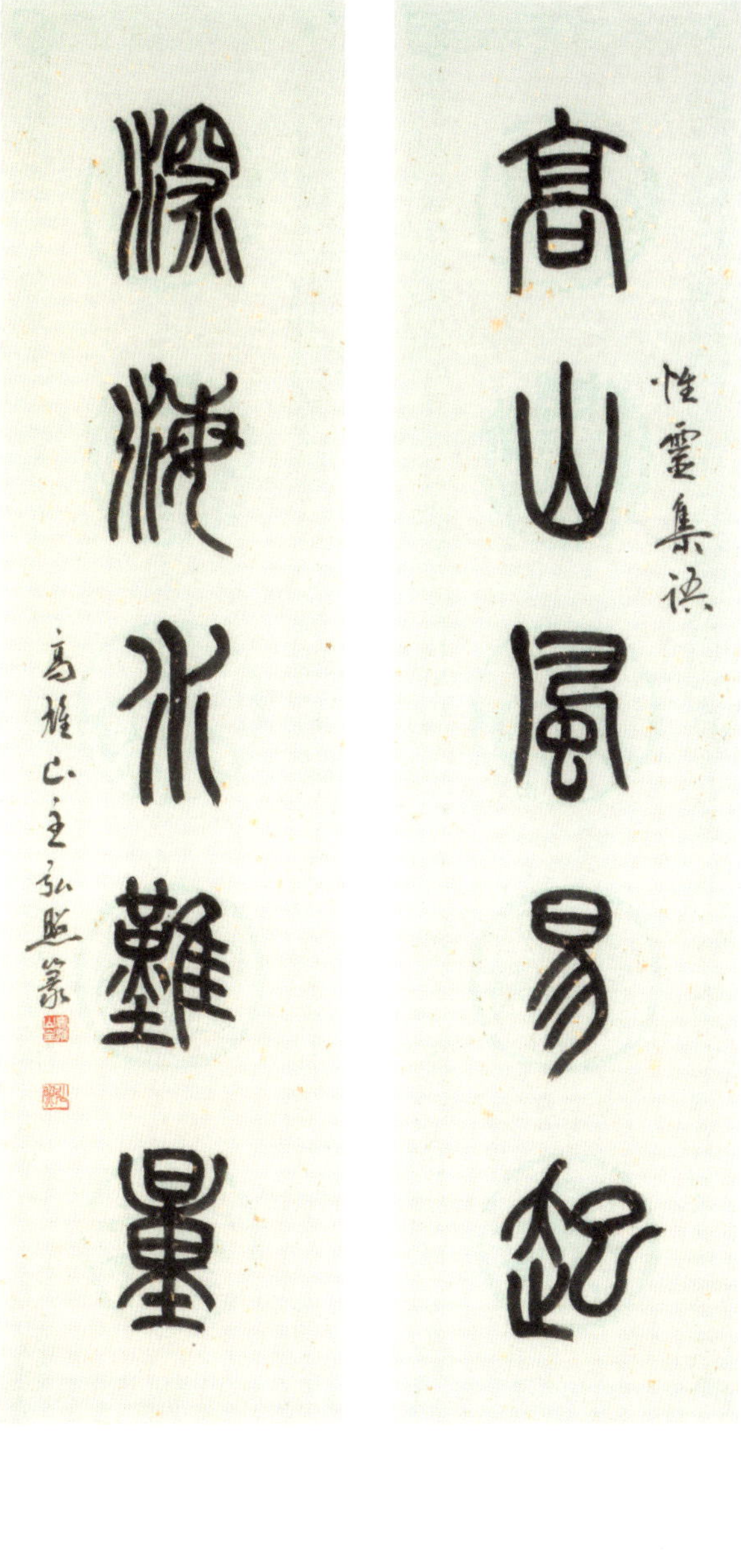

各134×34cm

世諦《せたい》の事法《じほう》は如来すら存《ぞん》して毀《やぶ》りたまわず

生きる者の避けられぬ定め

ある若い母親。ようやく授かった赤ちゃんが、死んでしまいました。狂ったように悲しんで、「この子を生き返らせる薬を下さい」と街中を叫んで回ります。するとお釈迦さま、「誰も死人を出したことのない家から、芥子《けし》の種をもらってきなさい」。しかし、死人を出したことのない家などありません。そこで、初めて「ああ、この子は生き返らないのだ」と悟った、と。有名なキサーゴータミーという女性の話です。

この赤ちゃんと同じく、お釈迦さまもやがて亡くなります。「無常の世のことわりには、仏さえも従われるものだ」……それをあるがままに見つめて、そのただ中に、生死を超えた真実のいのちを深く味わう。そこに本当の安らぎがあります。

世諦事法。如来存而不毀。（『性霊集』「亡弟子智泉が為の達嚫文」）

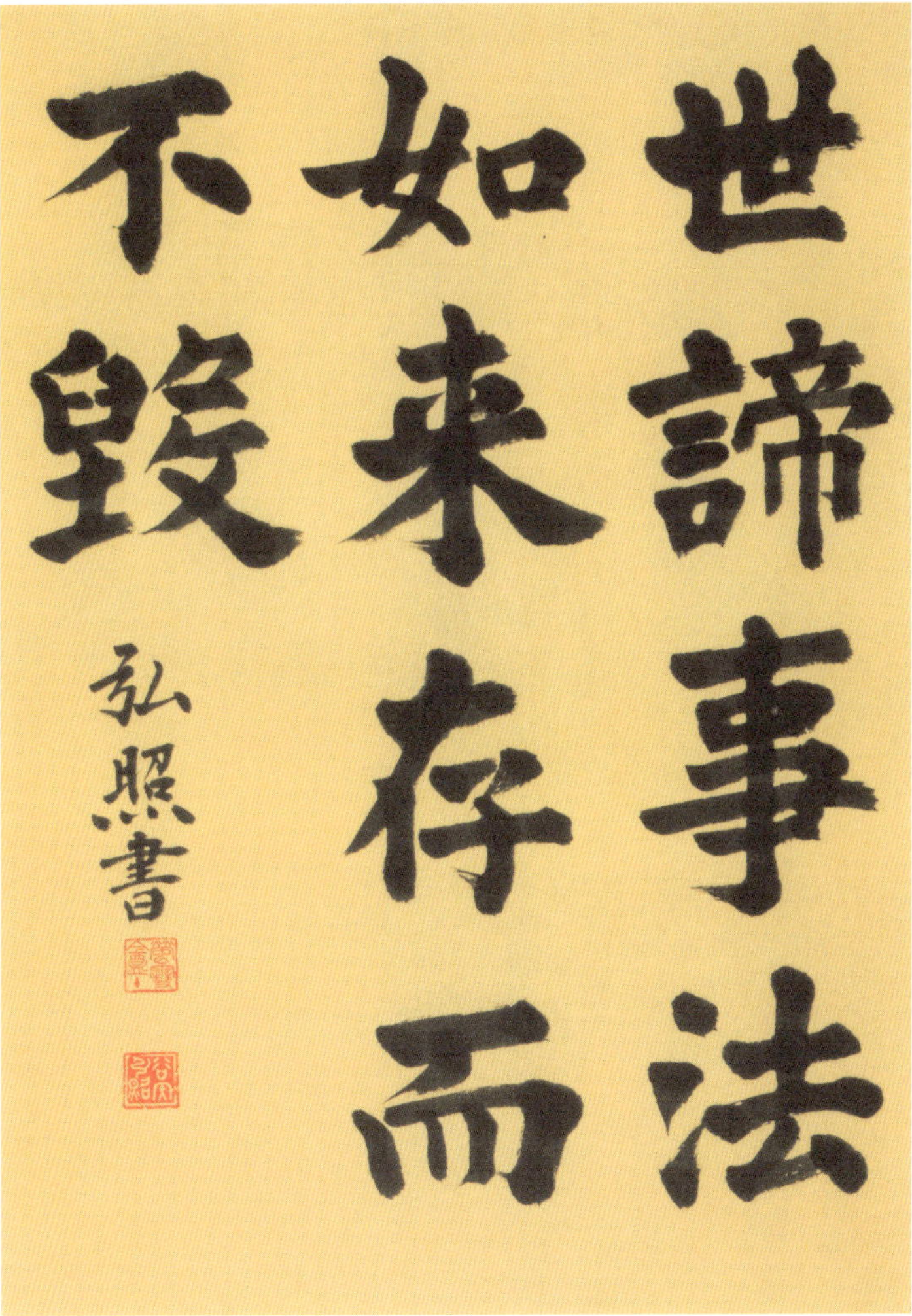

50×35cm

孤《こ》雲《うん》は定まれる処《ところ》無し

はぐれ雲はどこにいる？

これは、参議という要職にあった友人、良岑安世《よしみねのやすよ》からの詩に返事として送った詩の書き出しです。「はぐれ雲は、どこにいるか分からない。ただ、生来の山好きなのだ」とは、空海自身のこと。味わい深い中にも、どこか孤独感が漂います。

どうやら空海、この時は少し世間との間に距離を感じていたようです。安世は「教えを広めるために」といって、たぶん、空海に都に戻ることを勧めたのでしょう。でも空海はそれに感謝しつつも、「まだ、その時ではない」といって断っています。心安らぐ山に身を隠して、時を待つ。前進だけが人生ではありません。

孤雲無定処。本自愛高峯。（『性霊集』「良相公に贈る詩一首」）

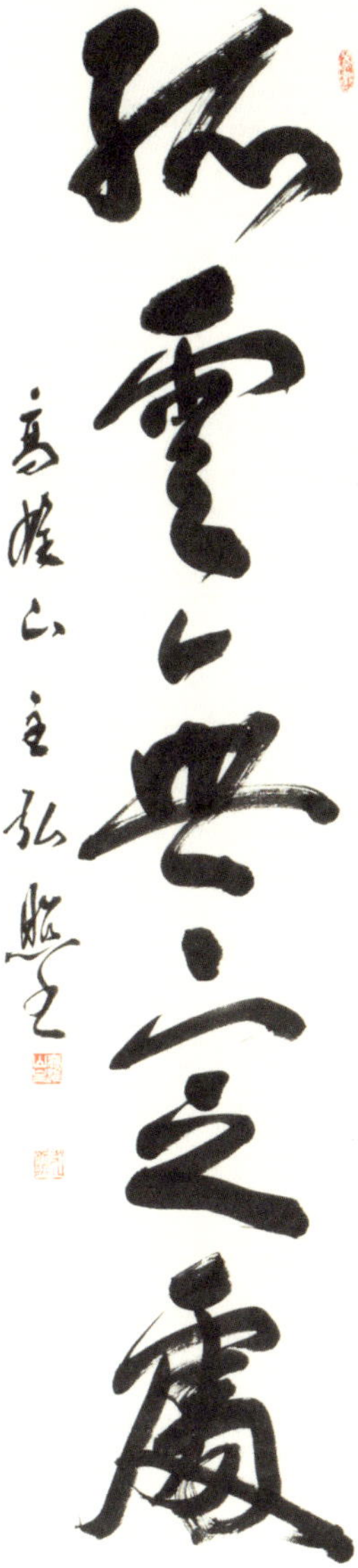

137
×
35
cm

南山《なんざん》の松石《しょうせき》は看《み》れども厭《あ》かず

大自然のふところに抱《いだ》かれて

紀の川のせせらぎに潤された緑の里から、次第に高まっていく高野の山。ふもとの慈尊院は、空海の母が女人《にょにん》禁制の山に入れず、ここに留まったという「女人高野」。安産や子育てを願う乳房の形をした絵馬に、心がなごみます。

慈尊院からの古道を登れば高野の地。金堂《こんどう》、大塔、道沿いに続く寺々、奥の院。今は賑わう山上も、空海当時は、ずっと厳しいものだったのでしょう。良岑安世が「和尚。何でまた、そんな寒い所で？　山も険しく、行き来も大変でしょうに」と問うと、空海、先に見た通りの「君見ずや」。「あんな俗世であたふたしているより、こちらの方がよほど楽しいですよ」と。南山とは高野のことです。

南山松石。看不厭。南嶽清流。憐不已。（『性霊集』「山に入る興」）

61×35cm

家も無く国も無し

真の自由人には故郷もなく

家のきずなは血？　でも、養子の場合もありますね。では、国のきずなとは？　これは、もう難問です。民族、言語、宗教、文化……いずれも、国の中に一つとは限りません。領土も、為政者も、その時々で変わるのが常。

仏教から見れば、家も国も、移り行く人の世の仮のもの。だから、僧侶はいずれにも超然とするのが、本当の姿です。空海もまた、その自由人の道を進みますが、大学で家や国を何よりも大切にする儒教を学んだ身には、大きな決断であったはず。「護国」の主張も、あくまで個々のいのちを守るための手段。「正法治国《しょうぼうちこく》」……為政者には、仏法の立場から、道にかなった政治を求めてやまぬ空海でした。

無家無国。離郷属。（『性霊集』「山中に何の楽しみか有る」）

68×68cm

法界《ほうかい》を家として恩を報ずる賓《ひん》なり

隔てなき報恩の思い

山こそ、私のすみか。春には花々開き、夏には草の香《か》深く、秋の夜には月冴《さ》え渡り、冬には心引き締まる白い雪。四季の女神たちは、代わる代わる、そのたおやかな腕で、花、香り、光、戒めの贈り物を捧げる。

志高く安らかに坐し、いのちの輝きを見つめる。家を去り故郷を離れて、尽きせぬ縁《えにし》に思いをめぐらす。

法界は真実。どこにでもある。でも、深い山に賓客として迎えられ、そこに心澄んでこそ、見えてくる。真実は平等。それを見ればこそ、大空のように隔てなき報恩の思いは羽ばたく。

山に潜んで、真実にすまう。それは、こんなにも大きな願いが、胸にあるから。

法界為家。報恩賓。（『性霊集』「山中に何の楽しみか有る」）

法界為家
報因心寶

性靈集語 弘昭書

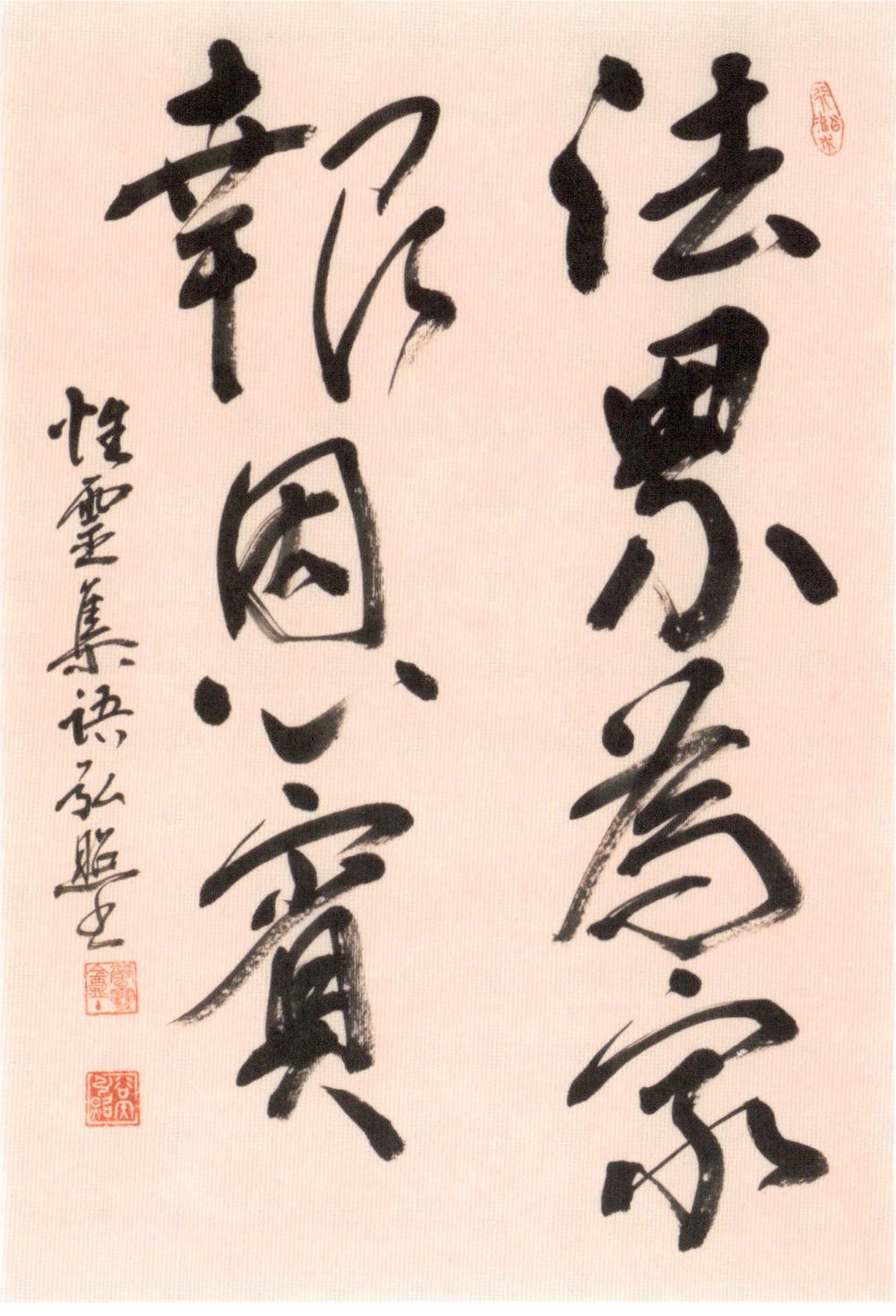

50×35cm

山霞一咽夕に神を谷う《さんかいちえんゆうべにしんをやしなう》

山に心育まれる

山は、空海にとって、若い頃から最も心安らげる場所。そこにすまい、修行に励む日日をうたった詩には、心からの喜びが溢れています。

これもその一つ。「朝はせせらぎの水をすくっていのちを支え、夕べには山の霞《かすみ》を吸って心を養う。つる草や野草はわが衣、いばらや杉の皮はわがしとね。優しい天は紺青《こんじょう》の幕をおろし、信頼あつい竜王は白いとばりを垂れる。時には野鳥が歌一つさえずり、山猿は軽やかに踊って、巧みな技は人以上。春の花、秋の菊は私に微笑み、暁の月、朝の風に心澄む」。

万物と心を通わせる詩人の心。これは密教にも、書にも、とても大切なことです。

澗水一抔。朝支命。山霞一咽。夕谷神。（『性霊集』「山中に何の楽しみか有る」）

山霞一咽夕谷神
庚寅師走弘照刻

4.2×2.0cm（印影）

知《ち》音《いん》と知音は蘭《らん》契《けい》深し

友のみが知る思い

何事にも積極的なイメージがある空海。それは決して誤りではありませんが、一方、友人の良岑安世《よしみねのやすよ》に贈った詩文では、微妙な陰影に富んだ心の動きも見せています。安世「和尚。独り宝を抱え込んで、山にこもっているばかりでは、世間からいろいろといわれるのでは？」。空海「ふさわしい人と時。それがあるかないかで、たとえ同じ私が世間に出ても、結果は大きく変わってくるものです。お分かり下さい。互いに分かり合える友なら、その契りはきっと深いものですよ」。

人を待ち、時を待つ空海。用意周到な一面もうかがわれますが、その根底にあるのは「つまるところは、人なのだ。出会いなのだ」という信念です。

知音知音。蘭契深。（『性霊集』「徒《いたずら》に玉を懐く」）

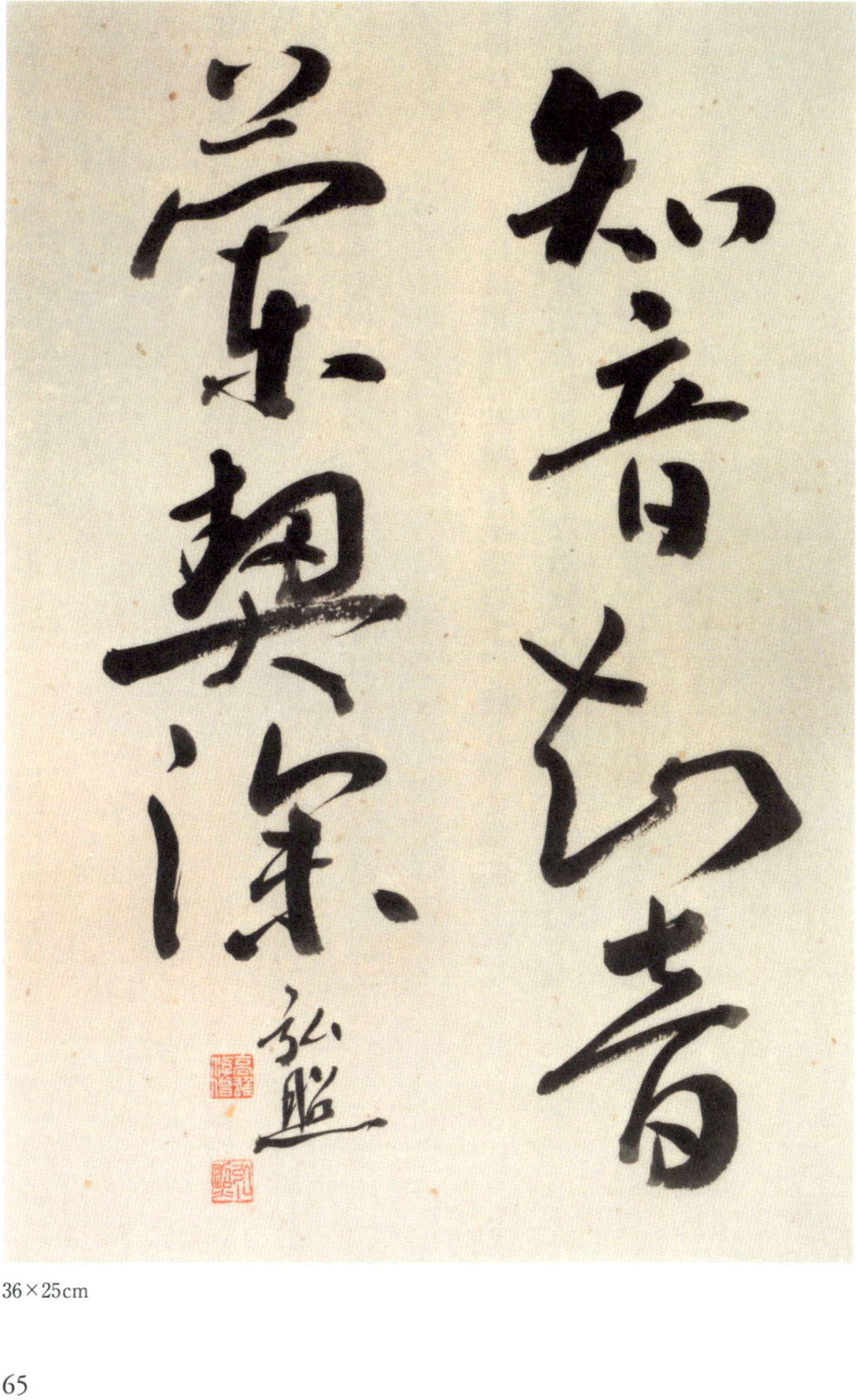

36×25cm

南峯《なんぽう》に独り立って幾千年ぞ

時と宇宙に思いをはせる

「高野に独り立って幾千年も経つのだろうか。そんな木々を横にして、私は銀河の前に坐る。古びて粗末な衣は世間の外。今、この箱に手紙を入れて、あなたにお届けします」……空海が良岑安世に贈った詩文の数々は、いずれも都の友人に山居の楽しみをうたったもの。中でもこれは、最もおもむき豊かな作品です。

地には老木、天には銀河。荘厳な星空の下、独り坐す空海。悠久の時と、はてしなき宇宙との対話。簡潔ながら絵のような筆致に、空海の万物に心を通わせる姿が浮かびます。空海にとって、高野の山はマンダラ、つまり、仏のいのちが輝く聖なる場所にほかなりません。そこでの、心はばたく夜の風景です。

南峯独立幾千年。松柏為隣銀漢前。（『性霊集』「羅皮函《らひかん》の詞」）

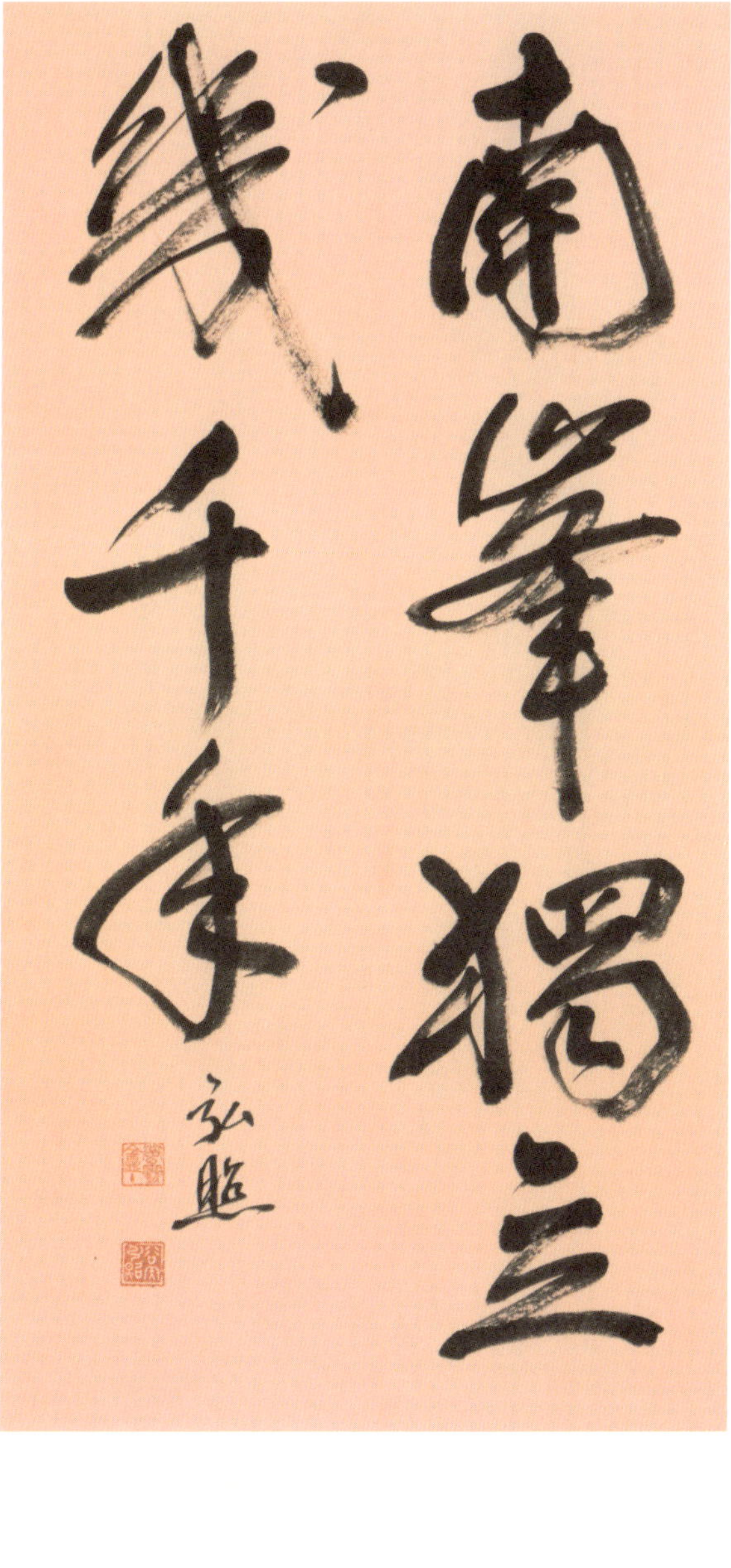

69×35cm

喜ぶこと莫《なか》れ、嗔《いか》ること莫れ、是れ法界《ほうかい》なり

ありのままに見て、とらわれるな

空海が何よりも楽しんだ山での日々。その中心となるのは密教の瞑想、つまり瑜伽《ゆが》の行です。「瑜伽」とは、インドの「ヨーガ」に漢字を当てたもの。

その中で見えてくるのは、はかり知れないほどに美しく、広やかないのちの輝き。でも、それにとらわれてしまえば、再び迷いに落ち込んでしまいます。

空海は警告します。「喜ぶな。だが、退けもするな。ただ、ありのままに見て、とらわれるな」と。こうした心構えで瞑想を続けて行くことにより、日常でもそれと同じく、次第にとらわれを離れて、どんなことにもいのちの輝きを味わいつつ、安らかに向かい合って行けるようになるのです。

莫喜莫嗔是法界。（『性霊集』「十喩を詠ずる詩」）

慈悲

具喜善性是慈法界
性靈集諷弘照書

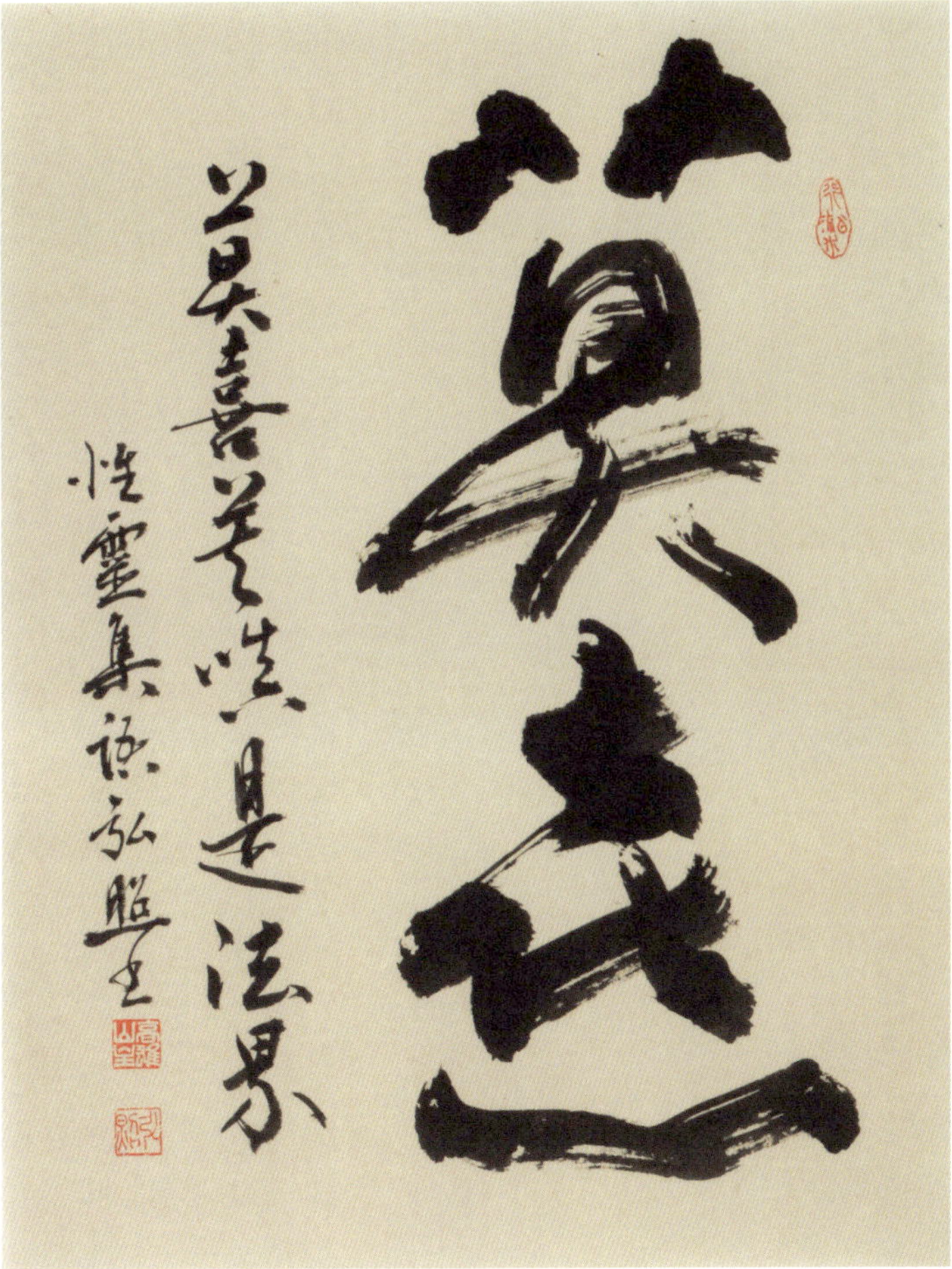

45×35cm

楽と不楽《ふらく》と、得《とく》と不得《ふとく》と、自心能《よ》く為す

幸せはおのれの心次第

夢に見た、幸せの青い鳥はどこに？　それを探すはるかな旅の後で、チルチル、ミチルの兄妹《きょうだい》が見つけたのは、家の鳥籠の中……ではありませんが、幸せは案外、身近な場所にころがっているのかもしれませんね。

仏教が説く本当の幸せとは、悟りを開くこと。でも、その内容についてはいろいろな意見が出て、ちょっとやそこらではわからない複雑な話になってしまいました。しかし、空海のメッセージは簡明。要は「おのれの心を見つめよ」という一点です。「おのれの心次第で、楽にも苦にも、悟りにも迷いにもなるのだ。その不思議を見よ。そして、そこに秘められた無限の可能性に気づくのだ」と。

楽不楽得不得自心能為。（『秘蔵宝鑰』）

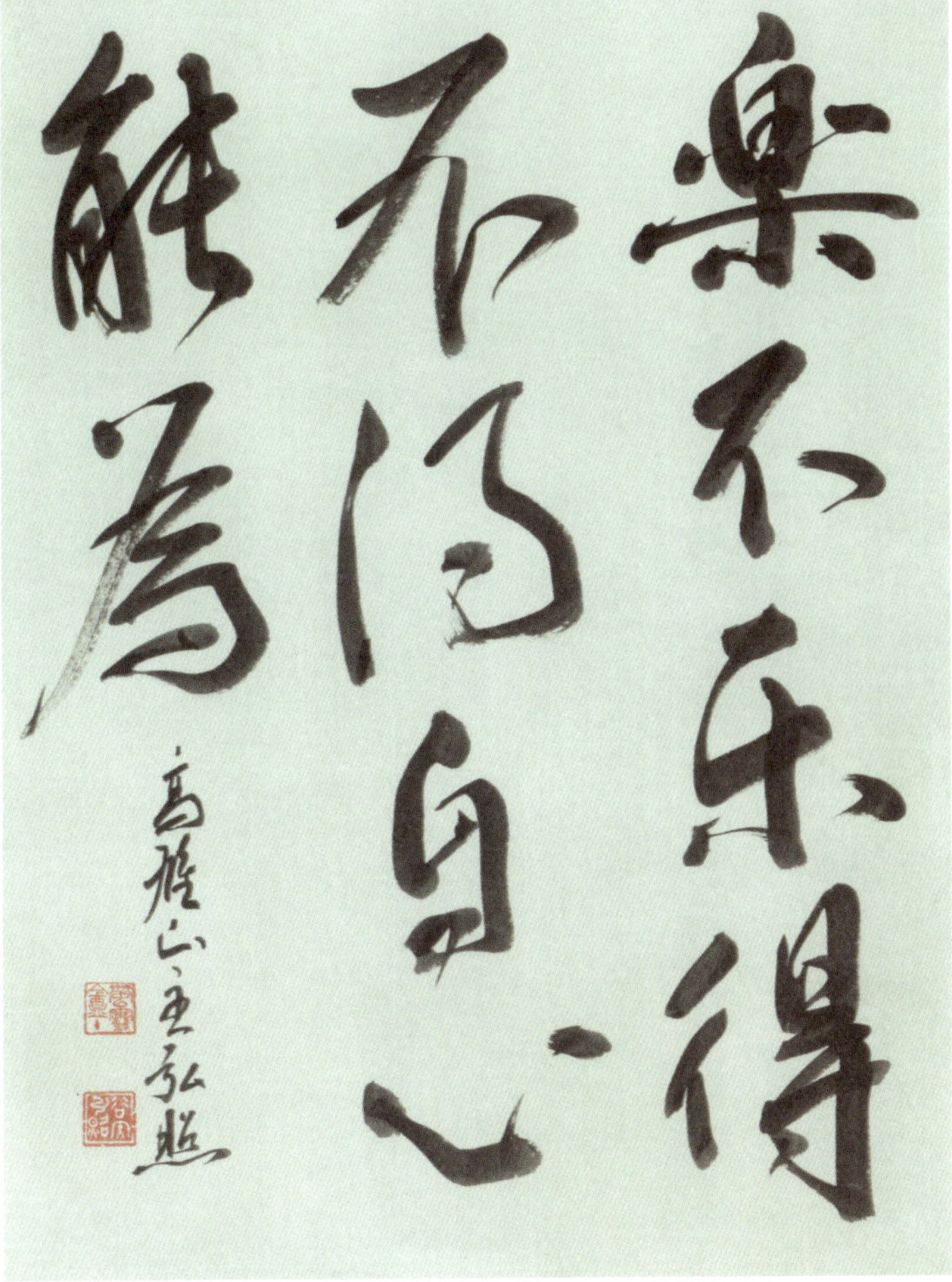

50×38cm

清涼寂静《せいりょうじゃくじょう》

慈悲あれば、心すずやかに

大きい波、小さな波。嵐はもちろん、ほとんど風を感じない時にも、海にはいつも波があります。人生もこれと同じこと。多かれ少なかれ、次々といろいろな問題が起こります。でも、それらに呑まれてしまったら、混乱するばかりですね。

まずは自分自身がしっかりとすることです。仏教でいう「戒」も、本当はそのためのもの。行ないを正すことにより、自他に恥じることのない自信と落ち着きが生まれ、そこから人生を生き抜く智慧が生まれます。空海はいいます。「慈悲あればこそ、他者を傷つけず、自然に悪い心を離れる。そして、心はすずやかに、安らぐのだ」と。慈悲さえあれば、後は自然にうまく行く。慈悲こそ戒の母です。

由離其悪心故。心中得清涼寂静。（『三昧耶戒序』）

68×70cm

深《じん》般《ぱん》若《にゃ》

深い智慧により、物事は移り行くと見る

不満をいって、グチる。どこにでもある、ごくありきたりなことです。まあ、ストレス発散なら、それも良いかもしれません。ただ、問題なのは、結局、それでは出しては溜め、出しては溜め、の繰り返しで、本当の解決からはほど遠いこと。それに、それを聞かされる相手の苦労もありますしね。

でも、そんな不満な状況、いつまでも続くものでもないのでは？　えっ、続きますか。だったら、いっそ、そんな場所から出てしまう勇気を持ってみれば。

空海はいいます。「深い智慧（深般若）により、物事は全て移り行くと見る。そうすれば、自然に全

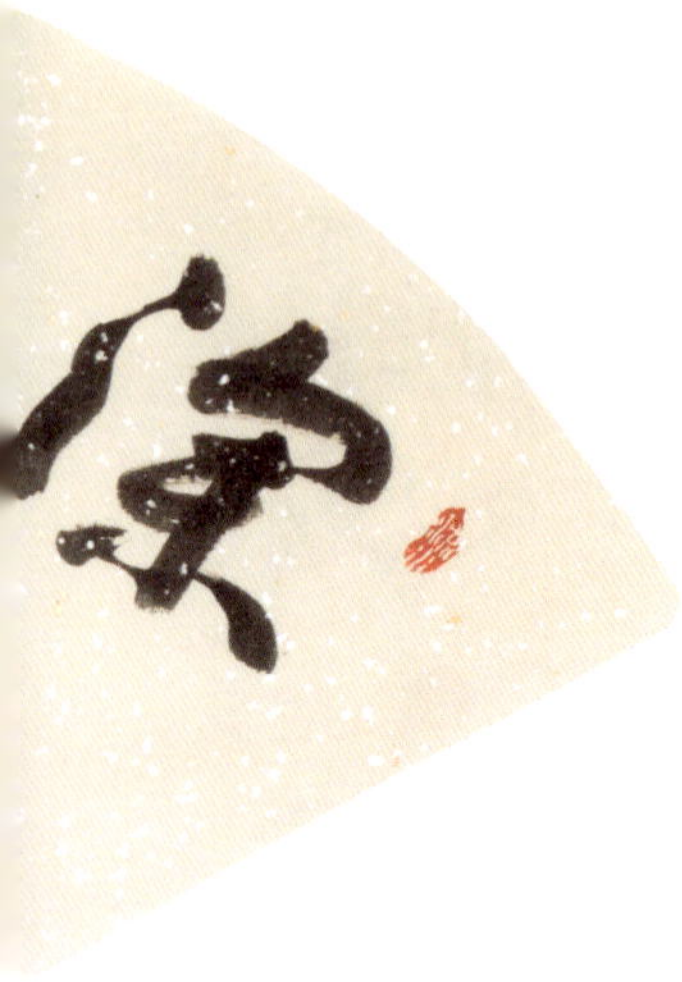

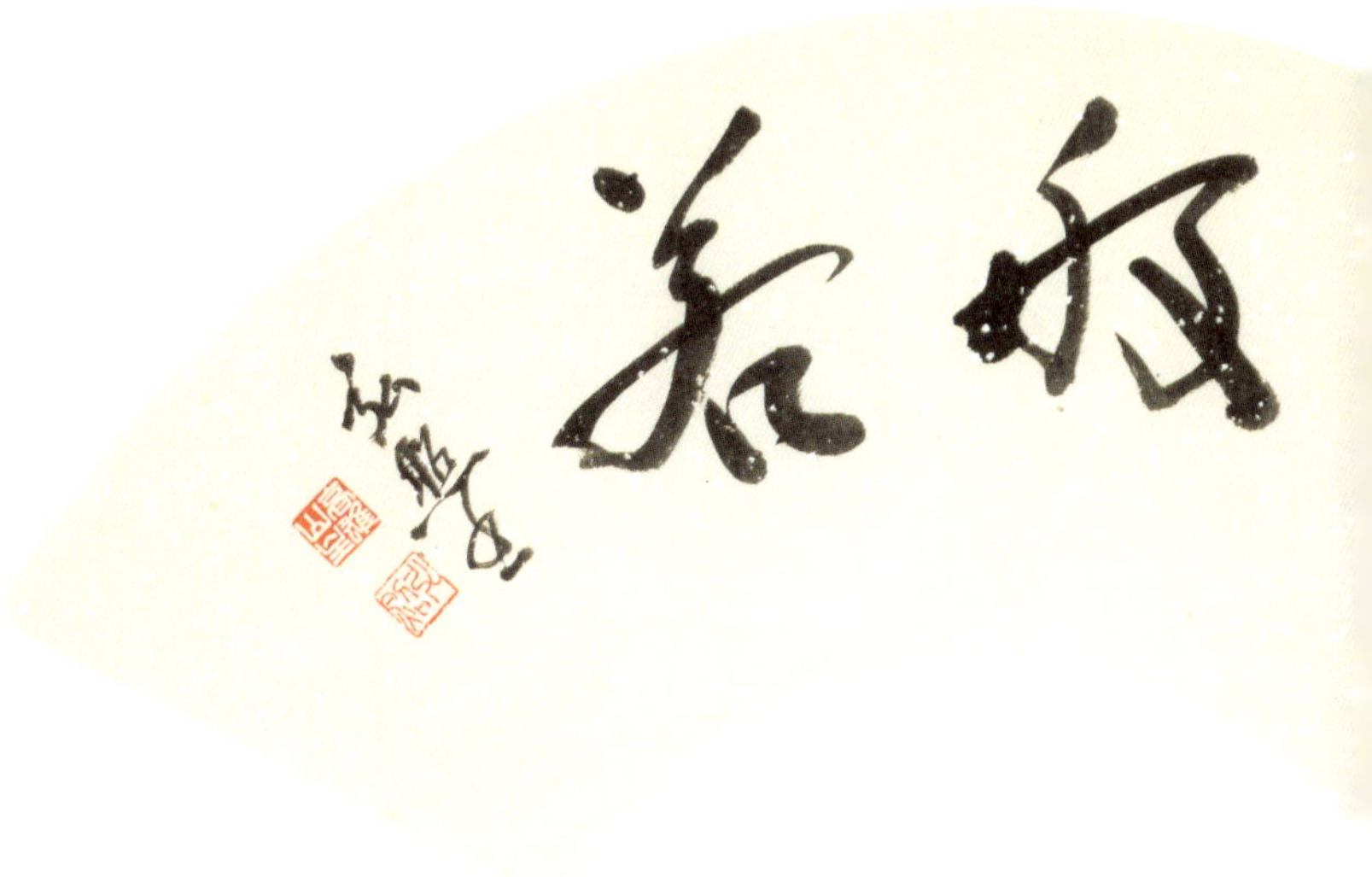

17×54cm

ての悪を離れて、善を行ない、自
他のためになる生き方ができるの
だ」と。

以深般若観無自性故。自然離一切悪修
一切善。饒益自他衆生。即是三聚妙戒
具足無欠。（『三昧耶戒序』）

山水を歴《へ》て玄珠《げんじゅ》を瑩《みが》く

悟りを求めて山をめぐる

今、ちょっとした登山ブームですね。山を愛して、あなどらず、しっかりとした準備とマナーで、心洗われる一時を過ごしたいものです。

「日本最古の登山記録」といっても良いのが、空海が勝道上人《しょうどうしょうにん》のために記した碑文。上人が日光開山を志し、多くの困難を経て、三度目の登山で登頂に成功し、やがて今の中禅寺湖を遊覧するまでが実に生き生きと記されています。「山水を歩んで、悟りを求める心をみがく」……この言葉は、そのタイトルにあるもの。自身も山岳修行に励んだ空海が、上人の「山を愛する心」を深い共感と共に讃えたその名文は、いわば日本における登山精神の原点です。

沙門勝道歴山水瑩玄珠碑。（『性霊集』「沙門勝道山水を歴て玄珠を瑩く碑」）

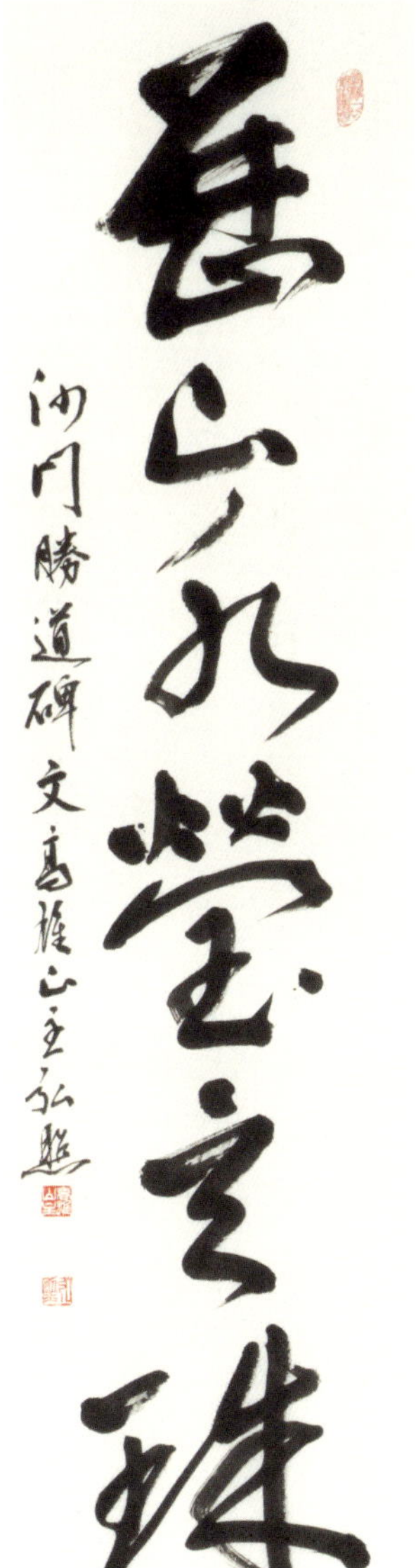

138×35cm

自心の宮《みや》を観よ

いのちの鼓動を感じる

ばら色の暁の光は、黄金の太陽に先駆けて、夜のとばりを開く。涼やかな大気は草むらを潤し、鳥々は木立の暗がりから愛らしい声で告げる。「おはよう！」と。さあ、家から出て。そして、大きく息を吸って。朝の空気と共に、光が、音が、いのちが私のからだに入ってくる。そのことに、しっかりと注意して。そして、その満たされた気持ちを保って、今日の一日を確かに生きて。

優しい朝はわが心に映え、わが心はこの朝を讃える。この響き合いこそ、いのちの鼓動。空海が勧める瞑想もまた、このようなもの。「朝ごとに、心を潜めて、いのちの鼓動を感じる一時を持とう！」。

朝朝一観自心宮。（『性霊集』「雨を喜ぶ歌」）

53×59cm

雪の神護寺参道〈写真：永坂嘉光〉

三 いのち、輝く——菩提《ぼだい》の章

深く荘厳秘蔵《しょうごんひぞう》を開く

心の眼を開けば、全ては仏の光の中に

光の中に生まれ、光の中に死す。悲しみも光、喜びも光。苦しみも光、楽しみも光。光の中に迷い、光の中に悟る。

心の眼を開いてごらん！　わが心の海は、限りない徳に飾られた光そのもの。そこに波立つ想いは、無数の仏。海の滴《しずく》のように、たゆたい、たわむれる。

秘められた宝を見てごらん！　世界は一冊の書物。どのページを開いても、ほら、光が何かを書き込んでいる。無意味な言葉など、一つもない。

光を見る。仏のいのちを見る。身を正し、息を調え、思いを潜めて、瞑想に入る。心満ちて、そこから立てば、あなたはもう、人々に安らぎをもたらす光の使者。

若能明察密号名字。深開荘厳秘蔵。（『十住心論』）

深洲花嚴祕藏

十住心論偈 高雄正玄弘照書

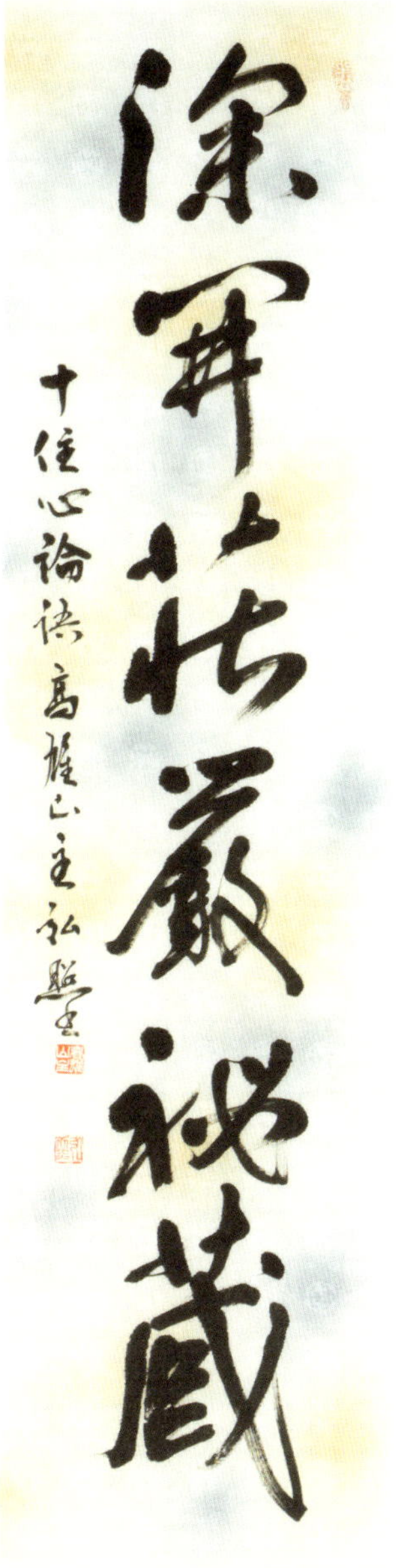

万類万品《ばんるいばんぴん》、雲に乗じて雲のごとくに行く

いのちあるものが向かうところ

空海の文章を見て驚くのは、その修辞《レトリック》が、彼の訴えたいことと見事に一致して、しかも、それをさらに効果的に盛り上げていることです。作品の「内容」と、その表現の「形式」は文学、さらには全ての芸術、美学の根源的なテーマ。空海の作品において、「形式」の壮麗さが、「内容」そのものの尽きせぬ豊かさと分ちがたく一体になっている点は、世界文学史から見ても特筆すべきものといえるでしょう。

「全てのいのちあるものは、仏へと、雲に乗って雲のように行き、風に乗じて風のように向かうのだ」……一陣の風に花吹雪が舞う姿を思わせる、幻想的な描写ですね。全てが帰する仏の功徳《くどく》を讃える、空海の力に満ちた修辞です。

万類万品。乗雲雲行。千種千彙。騎風風投。（『三教指帰』）

萬類芸芸乘雲之行

高樓正 壬午 弘聖

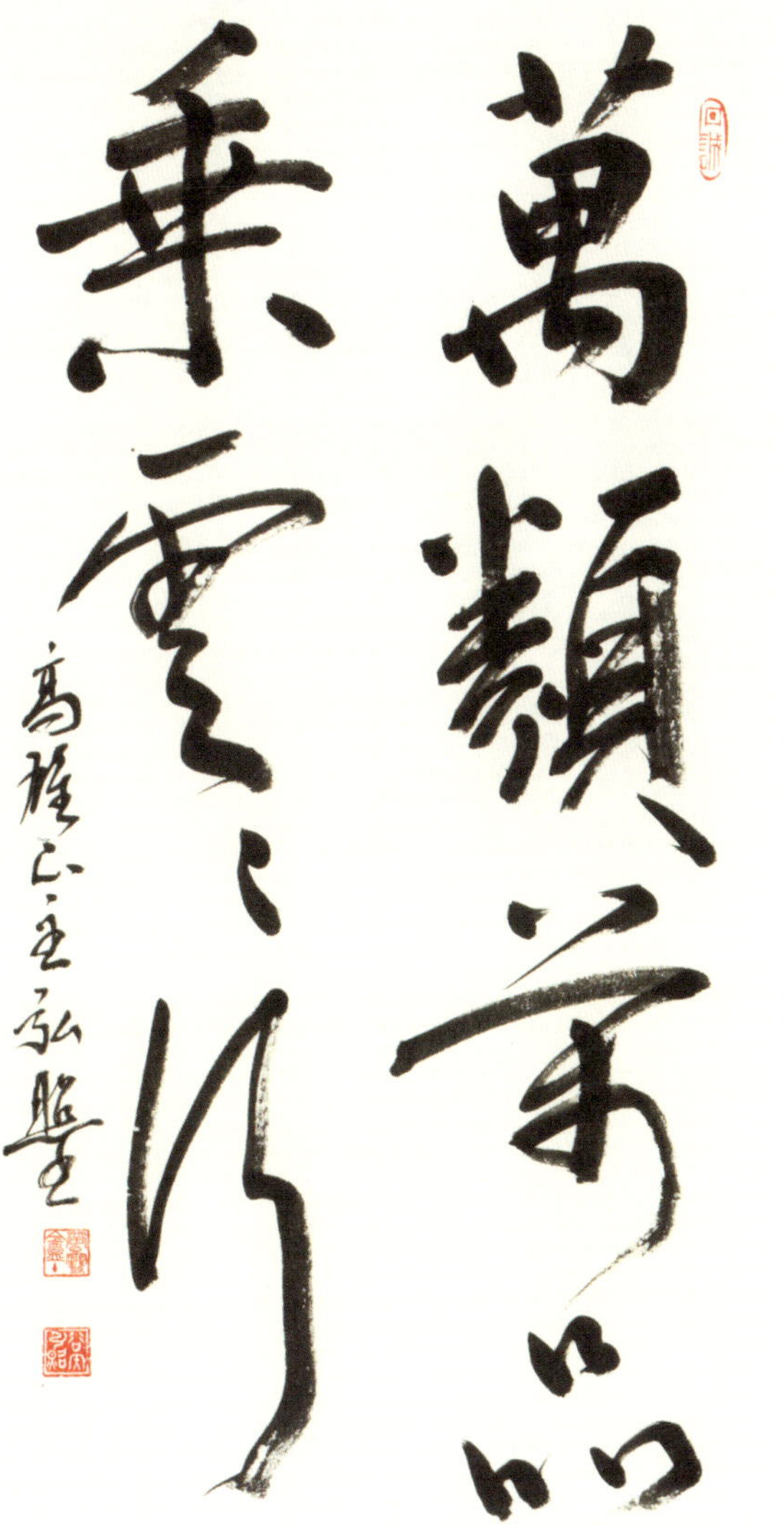

汝が三密《さんみつ》は是れ理趣《りしゅ》なり

真理への道は、あなた自身の中に

真理はどこにあるのでしょう？　宇宙？　仏？　経典？　もちろん、その全てにあります。でも、それだけじゃない。どこにでも、あります。

真理はどこに求めたら良いのでしょう？　どこに求めるまでもない。それは何よりも、そう問いかけるあなた自身の中に、もう生き生きと輝いていますよ！

「あなたの体、言葉、思いの全て（三密）が、真理への道なのです」……空海が最澄に「文献だけでは密教は学びきれない。まずはご自身で、それを生きて頂かなければ」と伝えたもの、とされる手紙からの言葉。偽作説もありますが、密教のエッセンスそのもの、といえる内容から見ても、やはり空海自身の作とするべきでしょう。

汝之三密。則是理趣也。我之三密。則是釈経。（『性霊集』「叡山の澄法師の理趣釈経を求むるに答する書」）

理趣

行之三密則是理趣也

高雁山主弘臨書

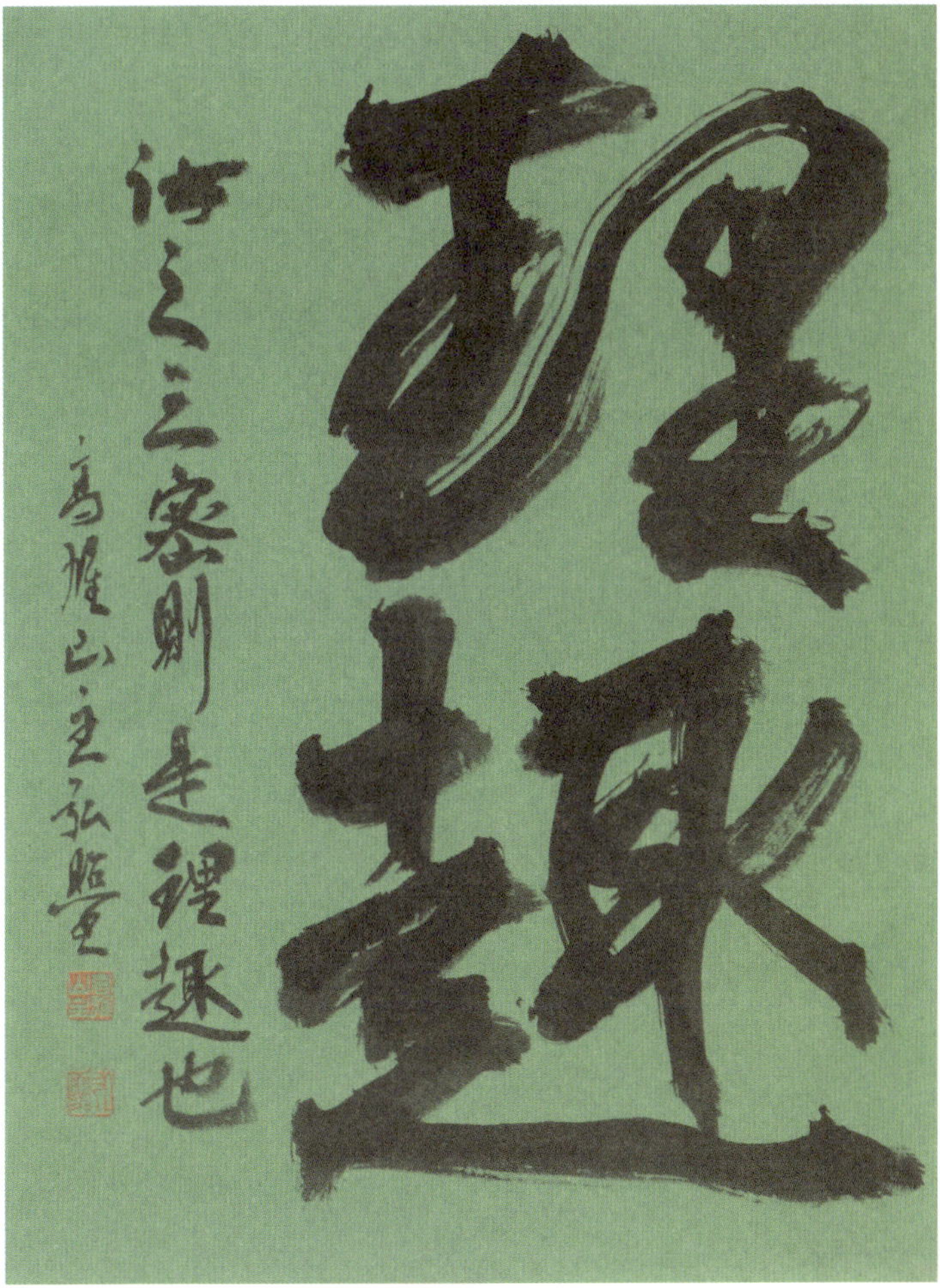

毒薬乍《たちま》ちに薬となる

迷いのただ中に悟りを見る〝心の錬金術〟

密教の祖師は、時に不思議な〝伝説〟に彩られていますが、ナーガールジュナ（「龍《りゅう》樹《じゅ》」もしくは「龍猛《りゅうみょう》」と訳します）は、さしずめそのトップクラス。大乗仏教を理論化したインドの偉大な哲学者ですが、密教を仏の世界から人間世界にもたらした聖者ともされます。しかも、若い時は幻術で姿を隠して後宮にしのび込み、殺されかかって改心した、とか。また、錬金術師だった、という話さえ伝えられています。

錬金術とは、どこにでもある金属を黄金に変容させる秘術。「毒薬は、たちまちに薬となる」……迷いのただ中に悟りを見る密教こそは、まさに〝心の錬金術〟です。波乱万丈のナーガールジュナの生涯も、どこか、それを思わせますね。

無明忽為明。毒薬乍為薬。（『三昧耶戒序』）

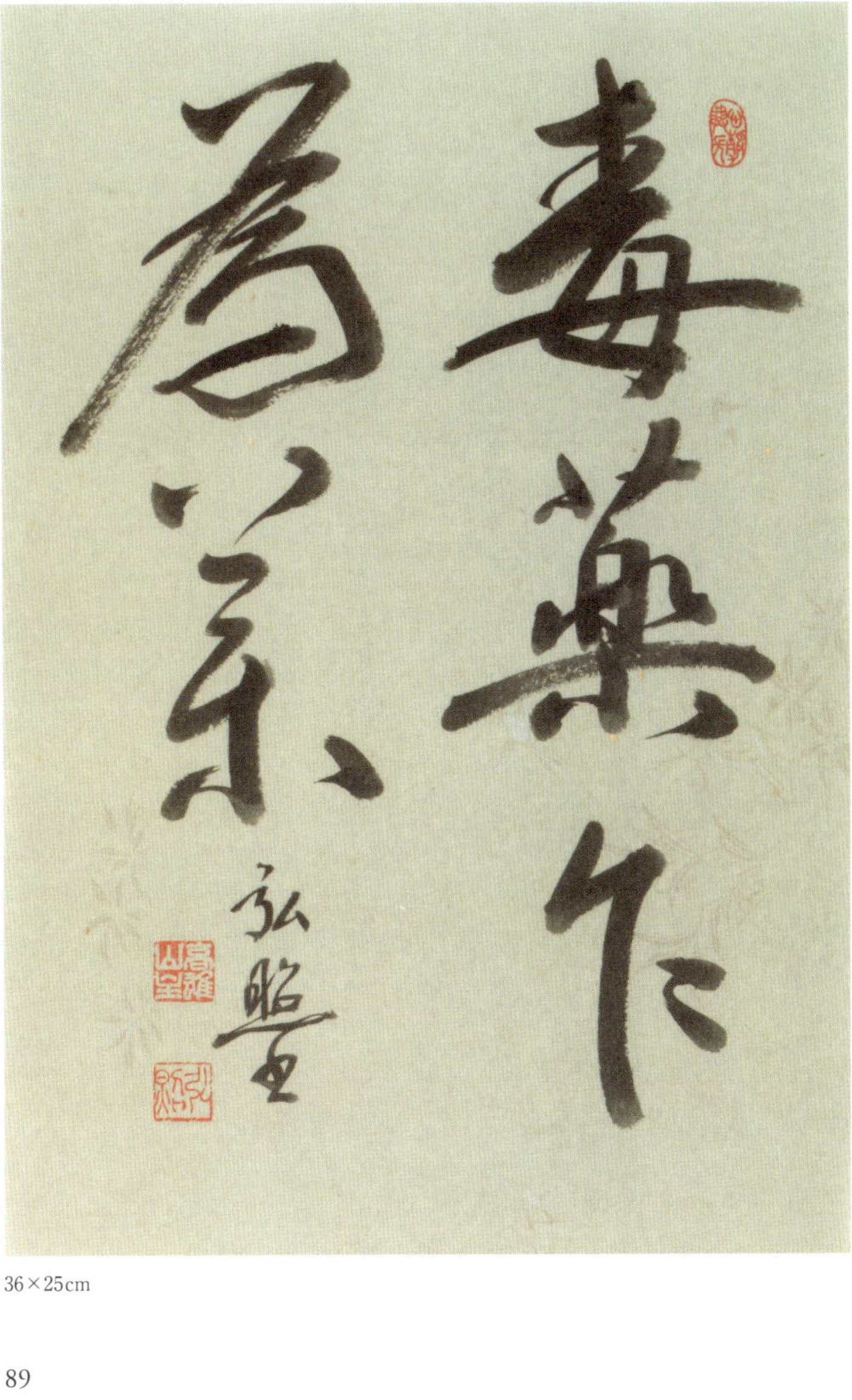

36×25cm

刹塵《せつじん》の渤駄《ぼだ》は吾《わ》が心の仏なり

無数の諸仏は、わが心に

人間の心の奥底を探ろうとするのが、深層心理学。その確立者の一人、ユングは、「錬金術とは、実は金属の精錬という形で表現された、心の変容のプロセスである」と考えました。一方、密教の瞑想は、自心を見つめて、それが実は仏のいのちそのものであることを見抜いた上で、その心に、無数の仏たちが集うマンダラの世界を実現しようとするもの。どこか、錬金術にも似ていますね。

「塵《ちり》のごとき無数の諸仏（渤駄《ブッダ》）は、皆、わが心にほかならぬ仏である」……空海のこの言葉は、そんな密教の〝心の錬金術〟が成就したありさまを述べたもの。そういえば、ユングはマンダラを「心の全体性を表すもの」と評しました。卓見です。

刹塵渤駄吾心仏。（『秘蔵宝鑰』）

勃駄

刹塵の勃駄は
吾が心の
仏なり

秘蔵宝鑰讃
弘延書

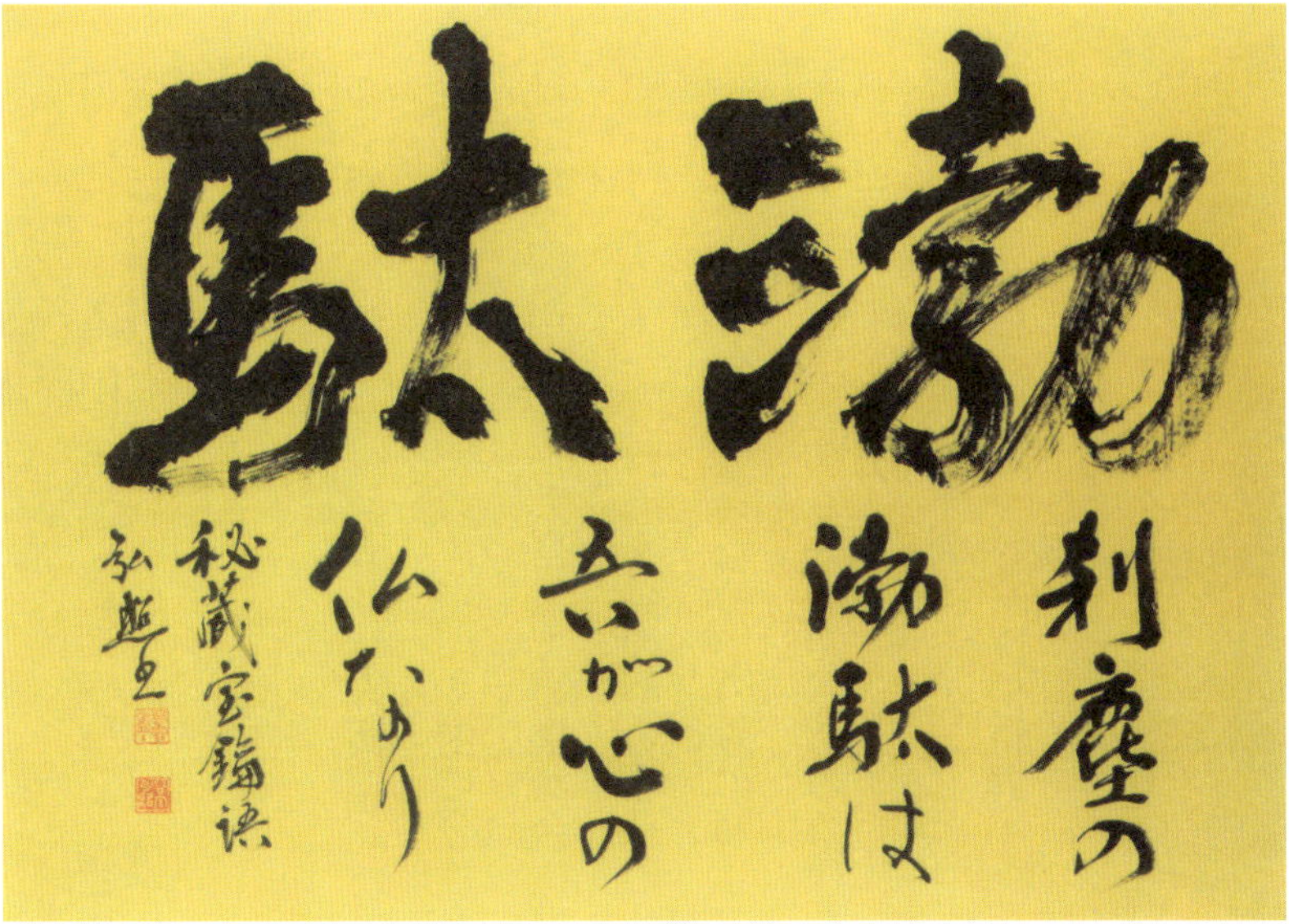

三密刹土《さんみつせつど》に遍《へん》して、虚空《こくう》に道場を厳《かざ》る

大自然にマンダラを見る

瞑想による内面への旅を、何よりも大切にした空海。それには、それにふさわしい、静かで、清らかな環境も大切です。深く山に分け入ること。広やかな海辺をさすらうこと。若き日から空海が好んだ大自然との触れ合いも、そのためです。

大自然の静けさの中で、自心を見つめる。その時、心と環境は静かに、深く、響き合います。そして、全てが、大いなるいのちの輝きの中にあることが見えてきます。そうなると、もはや心も環境もありません。あるのはただ、そのいのちが軽やかにたわむれる姿のみ。それこそが本当の意味でのマンダラ＝仏の世界です。「仏のいのちは山河にあまねく、大空はすばらしいマンダラの世界！」。

三密遍刹土。虚空厳道場。（『性霊集』「山に遊んで仙を慕う詩」）

三密遍剎土
虛空嚴道場

惟霙集語 弘一書

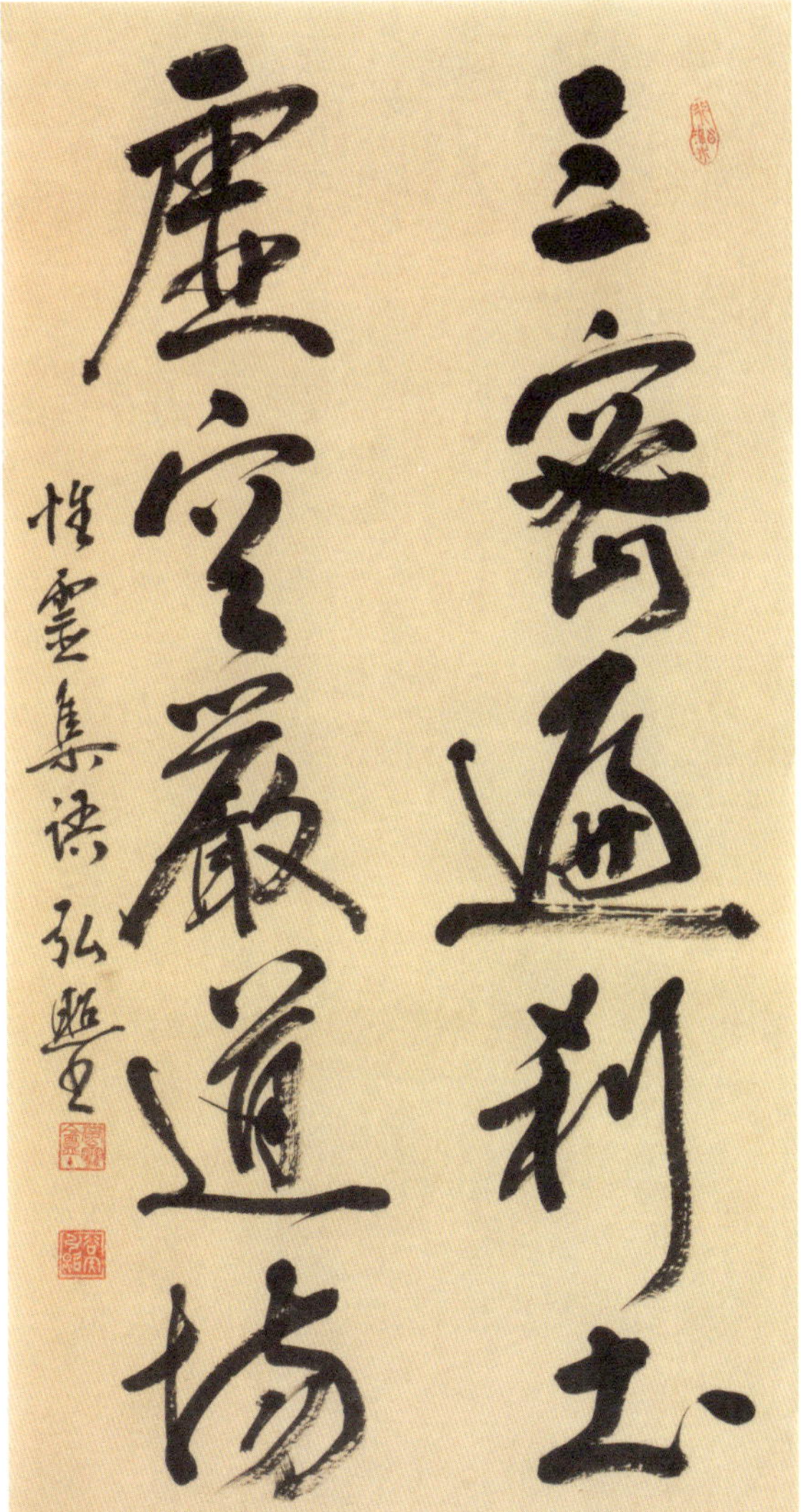

大空位《だいくうい》に遊歩《ゆぶ》す

悟れば、人生は大空に遊ぶがごとく

空飛ぶ鳥は、どこから来て、どこへ行く？　ただ、それは鳥の心のまま、いのちのまま。大空はただそれを、黙って、優しく、包み込む。

ばら色の暁が夜のカーテンを開けば、森の暗闇に可愛いさえずりが響き出す。赤く燃える夕空が太陽を見送れば、小さな黒い影が、さっとそれを横切って行く。刻一刻と、その表情を変える大空。それには、これって決まった姿はないけれど、いつも鳥たちを、黙って、優しく、包み込む。

仏のいのちも、大空のよう。それに抱《いだ》かれながら、それと知らずに人は苦しむ。でも、そのいのちに目覚めさえすれば、人生はいつも「大空に遊ぶ」ようなもの。

遊歩大空位。（『大日経』、『即身成仏義』）

137×35cm

如如《によ》如如の理、空空《くう》空空の智

あるがままに、大きな心で

空は海を抱《いだ》き、海は空の光を全身で受けとめる。宇宙の真実は、大空のよう。果てしなく、ただ、あるがままに、ある。それが「如如如如の理」。悟りの智慧は、その真実のままに大海のように安らいで、そこには自他の区別もない。それが「空空空空の智」。あの「生れ生れ生れ生れて生の始めに暗く……」と共に、同じ漢字を真珠のように連ねた、空海得意の響き豊かな言葉です。

一度は病で退位したものの、皇位への未練から旧都奈良で帝《みかど》を称して、京にいる弟の嵯峨天皇と争い、敗れた平城《へいぜい》天皇。残された道は出家のみ。その仏道の師となった空海。「どうか、大きな心で生きて下さい」と。

如如如如之理。空空空空之智。(『平城天皇灌頂文』)

35×68cm

六大無碍《ろくだいむげ》にして常に瑜伽《ゆが》なり

仏のいのちを見よ

高野山奥の院。鬱蒼《うっそう》とした杉木立の中に苔むした墓石が無数に並ぶ、身の引き締まる霊地です。中でも目に付くのは、大名家の巨大な五輪塔《ごりんとう》。宇宙の物質的側面を象徴する地《ち》、水《すい》、火《か》、風《ふう》、空《くう》の「五大」をかたどった石塔です。

ここでいう「六大」は、以上に精神的側面を象徴する識《しき》を加えたもの。でも本当は、これらはただの物質でも、精神でもありません。万物に見られるこれらの要素を、そのままに、仏のいのちの具体化として〝見抜く〟心の眼が開けることが大切です。「全てに仏のいのちを見よ！」「それを生きている自分に目覚めるのだ！」……そう、空海が呼びかけているような気がします。

六大無碍常瑜伽。（『即身成仏義』）

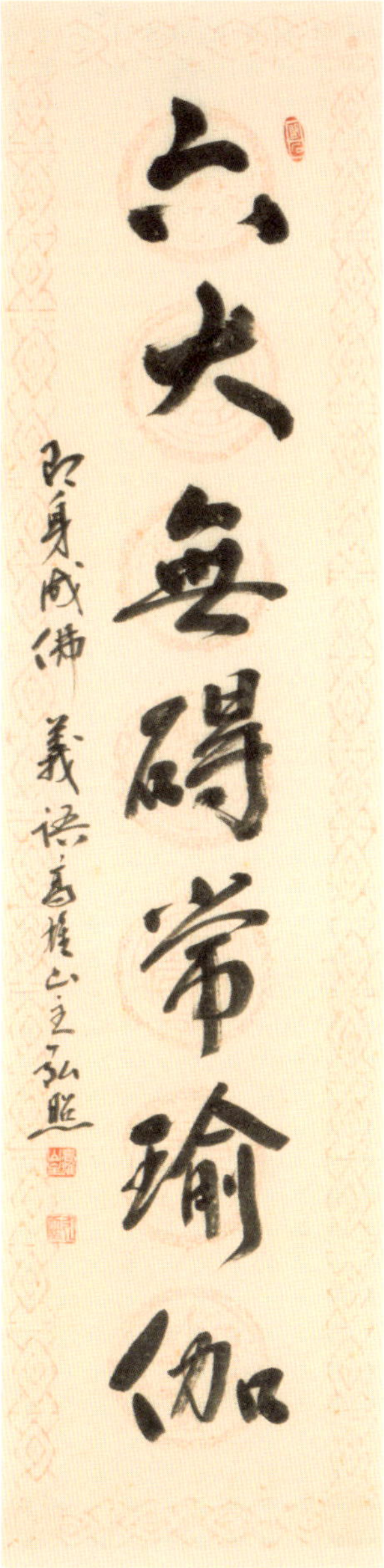

138
×
34
cm

三密加持《さんみつかじ》して速疾《そくしつ》に顕《あら》わる

響き合って、悟りはすぐに

打てば響くような人間関係、って良いですね。でも、大自然はいつもそうです。物は必ず下に落ちますし、光は必ず闇を払うものです。反応したり、しなかったり、ぐずぐずしているのは、むしろ人間の方かもしれません。

仏も、大自然と同じ。呼べば、必ず、応えてくれます。なぜでしょう？　それが仏の〝願い〟ですから。仏は、ご自身の〝願い〟は、必ず、実現されます。

呼びかける心に、応える仏。それが直ちに響き合う様子を述べたのが、空海のこの言葉。「人間の全存在に仏の力が及ぶことによって、人間にもともと秘められている悟りは、直ちに、現れてくるのだ」と。

三密加持速疾顕。（『即身成仏義』）

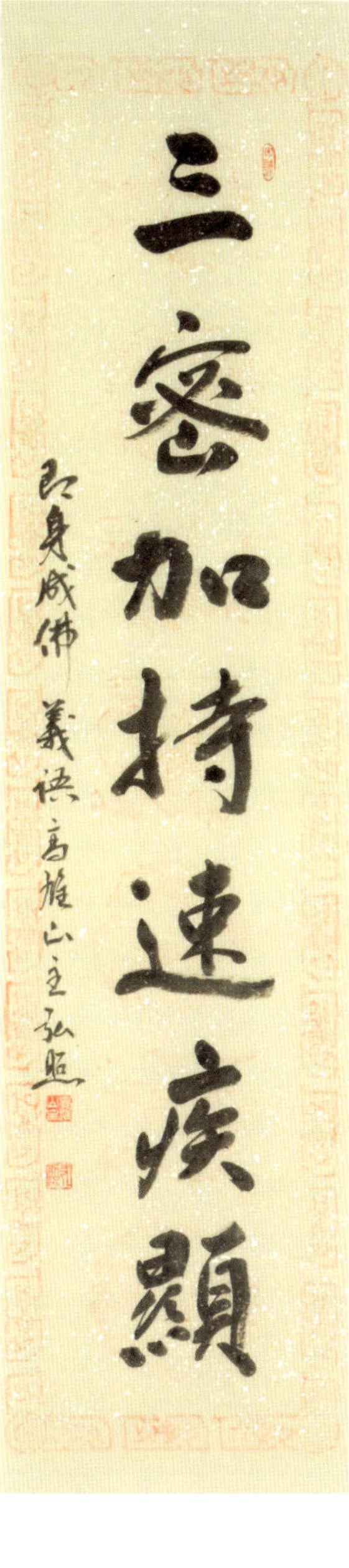

141
×
34
cm

六塵悉《ろくじんことごと》く文字なり

全ては仏の声

ばらは赤く開き、ふと吹いたそよ風がざわざわっ、とその枝をゆらす。かぐわしい香りに引かれた蜜蜂が、甘い蜜を求めて、そっと柔らかな花びらに舞い降りる。心浮き立つ春ですね。……さて、ここに書いたのは、実は順に、色形、音、香り、味、触感、意識の対象。つまり「六塵」です。要は、私たちが感じたり、認識する世界。でも、なぜ「塵《ちり》」というのでしょう？　それは、これらが私たちのとらわれの対象となって、心を汚《けが》す原因になる、とされるからです。

でも、空海からいえば、これらも全て仏のいのちの現れ。無言の内に真実を語る、天然の「文字」です。この世に汚れたものなど、何一つありません。

六塵悉文字。（『声字実相義』）

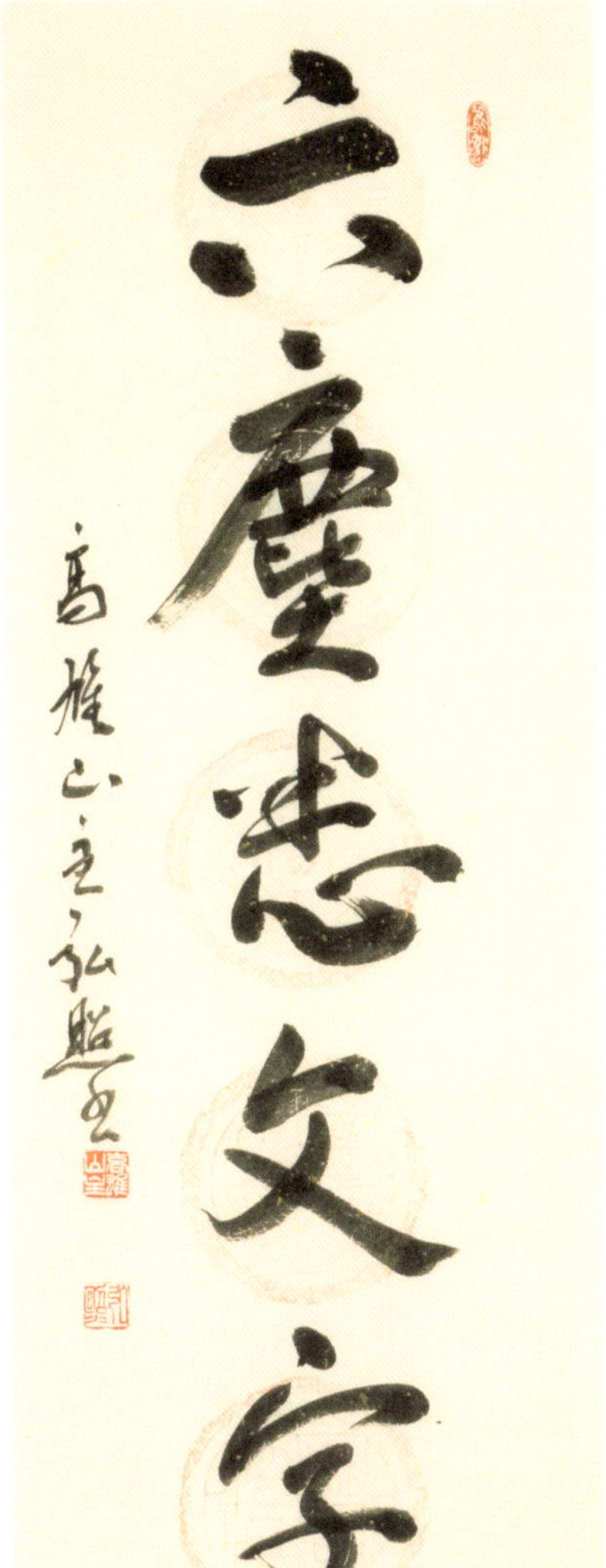

66×49cm

如《に》義《よ》語《ぎ》とは、実《じ》空《つく》にして不《ふ》空《くう》なり

とらわれなき真実の言葉

「まだ、自分は若いと思っていたが、いつの間にか、娘が恋をするようになっていたのか……」。滅び行くものの美を描いては比べるもののない、往年のイタリア映画の巨匠、ルキノ・ヴィスコンティ監督の名作「山猫」で、主人公のシチリアの公爵が語る言葉。自分も、時代も移り行く中での感慨です。

多くの場合、言葉は、変化してやまない現実を、あたかも一瞬、静止したかのように切り取って語るもの。本当は虚構の世界ですが、そうと知って使うなら、それは真実への道ともなります。「真実を語る言葉は、本当の意味で、とらわれのないもの。それは〝とらわれない〟ということにさえ、とらわれることがない」。

如義語者。実空不空。（『金剛三昧経』、『弁顕密二教論』）

如義演者，實與空不異

高雄心之玄弘毅書

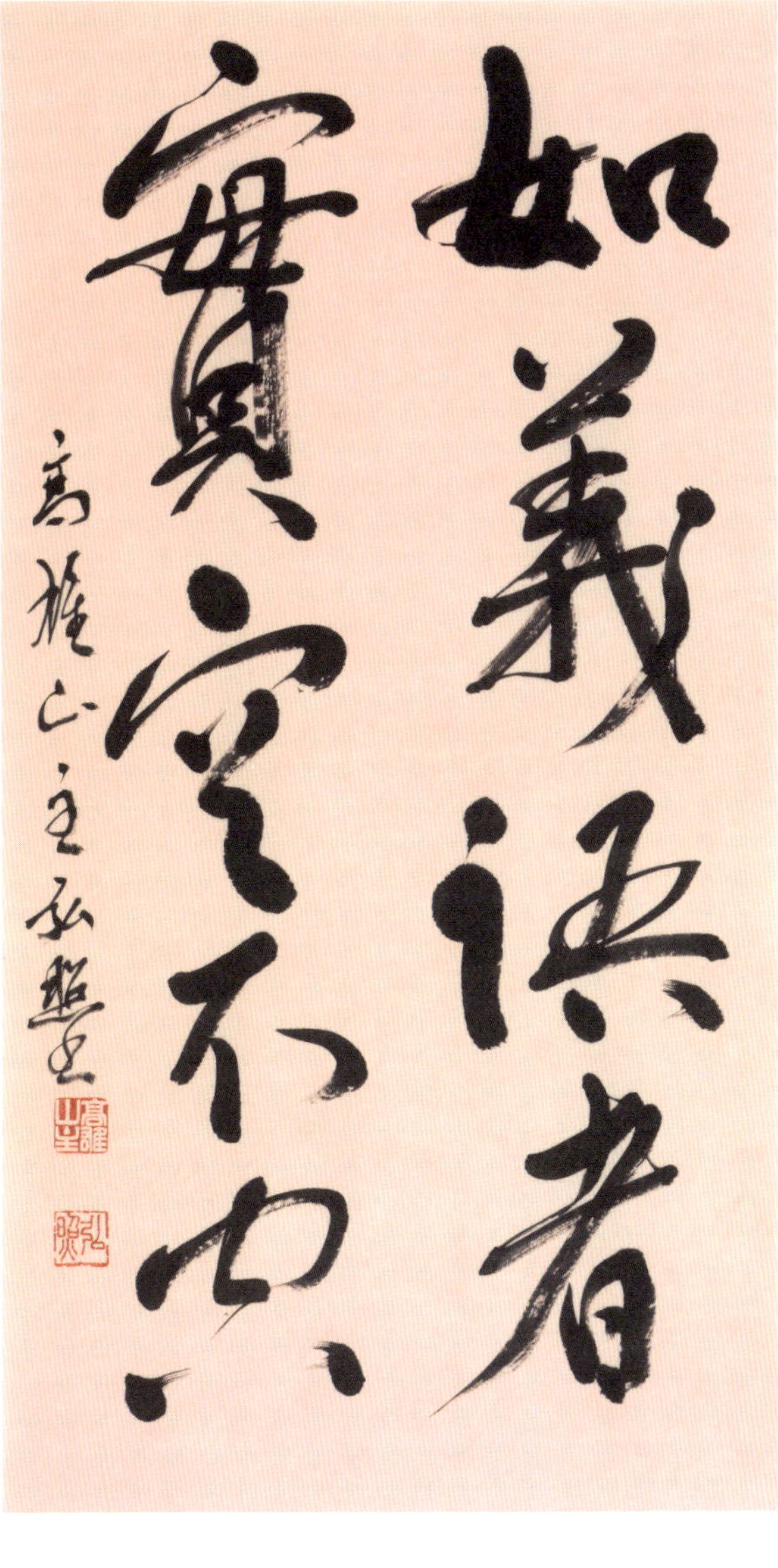

真言《しんごん》は不思議なり。観誦《かんじゅ》すれば無明《むみょう》を除く

一心に真言を唱えれば、迷いは自然に消えて行く

「待ってるよ！」……友人との待ち合わせ？　ビジネスのアポイント？　デート？　遠くに旅立つ家族への再会の約束？　同じ言葉でも、語られるシーンによって〝人生における重み〟は様々ですね。ただ、もし大切な人が真心を込めていう時には、それはあなたに、かけがえのない一言として響くでしょう。

真言とは、文字通り「真実の言葉」。仏の真心が込められた言葉です。そして、仏の真心は、ただひたすら、人々の幸せのみを願うもの。だから、一心に真言をお唱えすれば、その真心は必ず心の奥に届いて、私たちの限りない可能性を開くのです。「真言は不思議だ！　心を込めて唱えれば、迷いは自然に消えて行く」。

真言不思議。観誦無明除。（『般若心経秘鍵』）

24×23cm

三界《さんがい》は客舎《かくしゃ》の如し。一心《いっしん》は是れ本居《ほんこ》なり

本当のわが家は、心の奥底に

あの思いを馳せていた地は、どんなところなのだろう？　そこに生きる人々は？　名所旧跡は？　食べものは？　……旅は、新しい出会いに満ちています。行く前から、何だかワクワクしますね。でも、それもまた帰る家があればこそ。それのない放浪の旅は、さびしいものでしょう。

波乱に満ちた人生も同じこと。どこかに安らげる何かがなければ、つらいものです。そして結局、それは心の問題。どんなに贅沢をしても、心がそれに満たされなければ、安らぎはありません。心にこそ、幸福の鍵が秘められています。「この世は旅の仮の宿り。心の奥底にこそ、本当のわが家がある」と。

三界如客舎。一心是本居。（『般若心経秘鍵』）

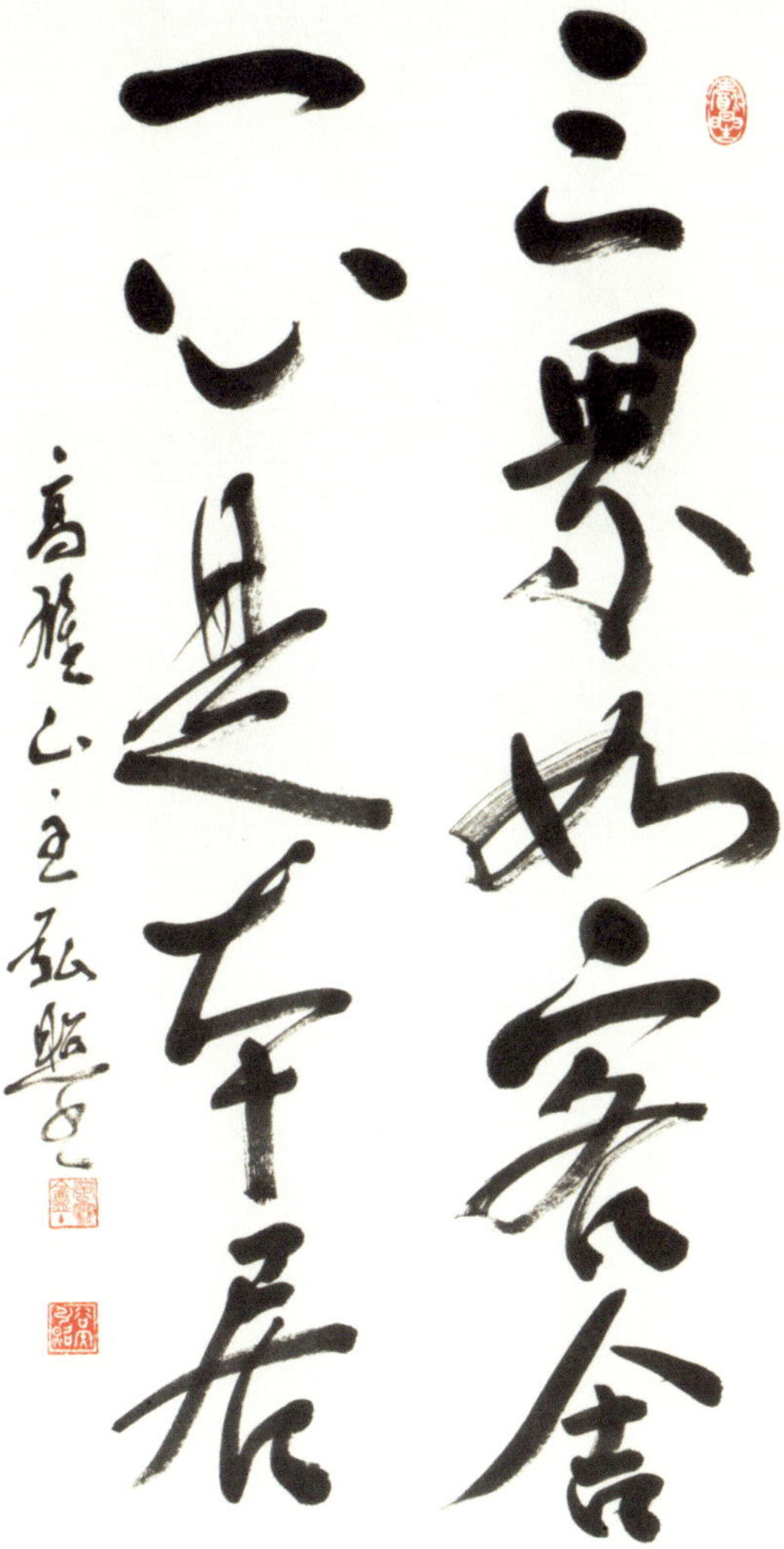

69×35cm

如実に自心を知る

心のありのままの姿を見つめよ

「女心と秋の空」……女心を、変わりやすい秋の空に喩えたものですが、どうしてどうして、このことわざ自体が、もともとは「男心と秋の空」だったとか。何ともはや、男女を問わずに、およそ人の心も、それをチクリと刺すことわざも〝秋の空〟、というのが本当なのでしょう。

でも、空は変化するのがあたり前。青空は気持ちの良いものですが、それが続けば、雨も降らずに作物も育ちません。晴れと雨を繰り返せばこその、大空の恵みです。心もそれと同じこと。定まった性《さが》なく、変わりやすい。しかし、変化すればこそ、無限の可能性も開けてくる。悟りとは、そういう心の、ありのままの真実を知ること。そこから、人生のあらゆる場面を輝かせる、全ての行動が生まれます。

如実知自心。（『大日経』、『十住心論』）

189×35cm

此の大虚《たいこ》に過ぎて広大なるものは我が心

心は大空よりも広く

昔、力持ちの大男がいて、人々をかついでは川を渡らせていました。ある時、幼い男の子をかつぎましたが、不思議にもその子はどんどん重くなり、ついには耐えられないほどに。さすがの大男も、ようやく渡り終えて、思わず「まるで世界を背負っているようだったよ！」。すると男の子「私は、世界よりも大いなるキリストである」。……キリスト教の聖クリストフォルスの伝説ですが、ユング派の深層心理学では、この子供を〝真実の自己〟の象徴と見ることもあります。

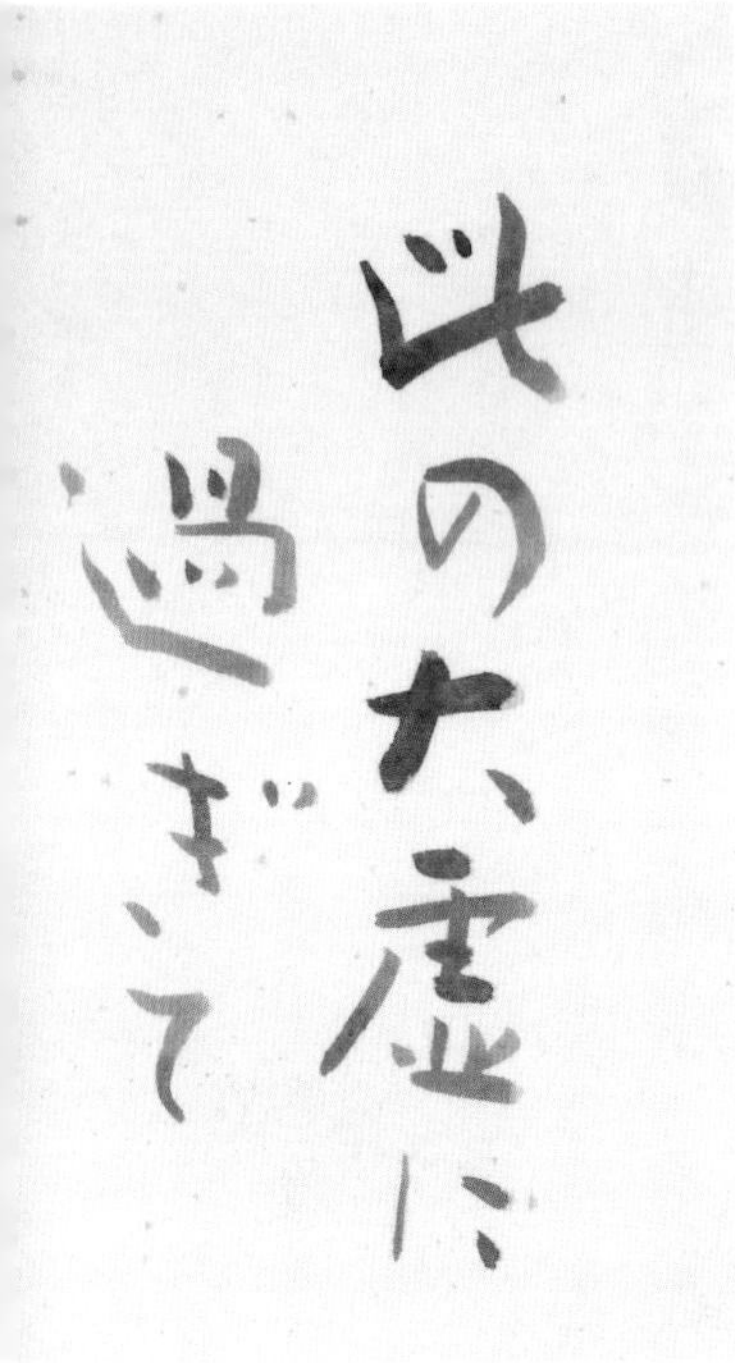

空海はいいます。「この

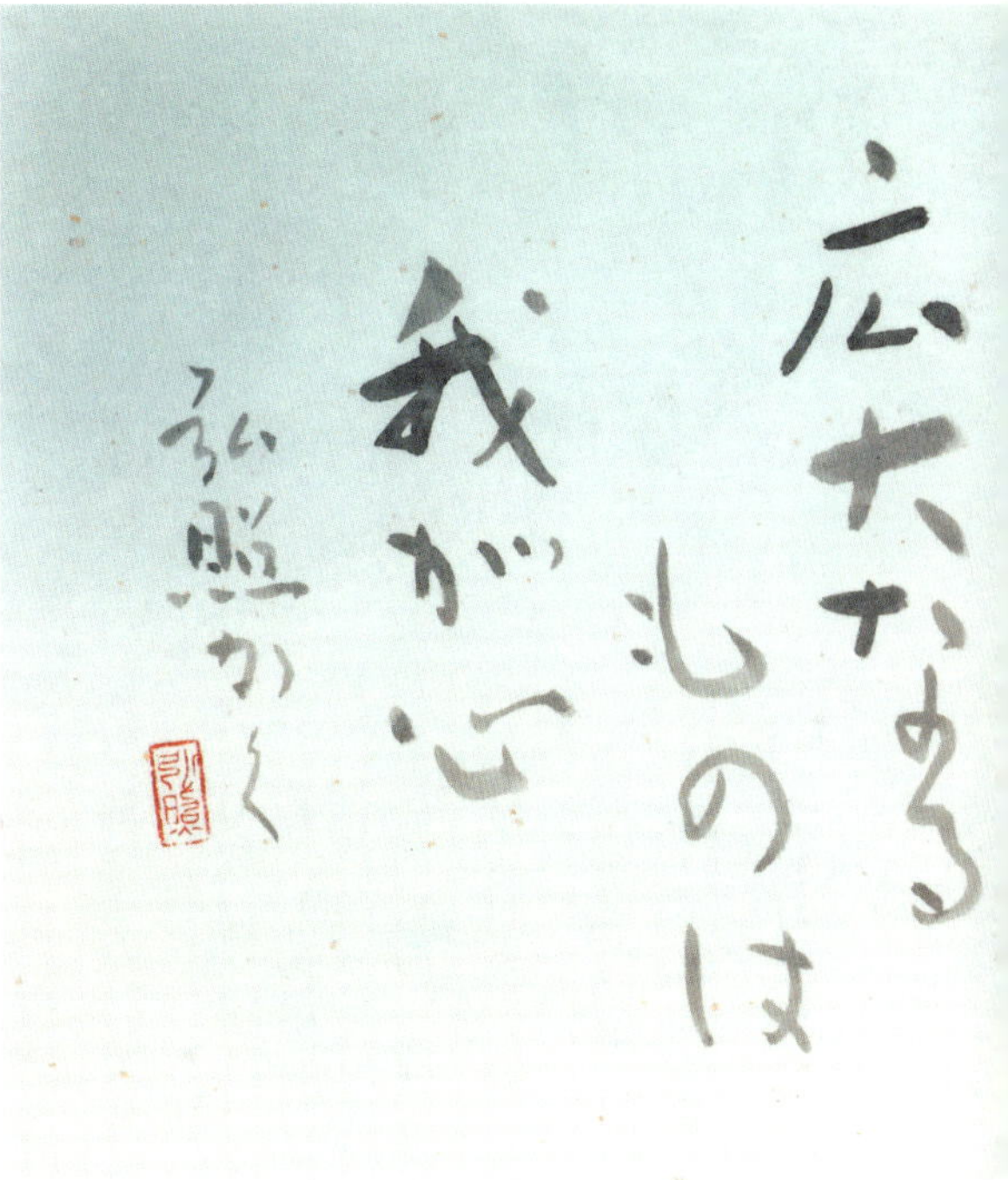

25×36cm

大空よりも広大なもの、それはわが心である」と。心、それは無限の可能性を持った、仏のいのちそのものです。私たちは皆、それを担って人生の荒波を歩んでいるのかもしれません。あの、大男のように。

過此大虚広大者我心。（『平城天皇灌頂文』）

無《む》我《が》の大《たい》我《が》

真のおのれにたどり着け

〝自分〟とは何でしょう？　心？　感覚？　思い？　意志？　それとも、この体？　どれも〝自分〟の一部ですが、でも〝自分〟そのものじゃありませんね。どんなに探してみても、どこにも〝自分〟なるものは、見つからない。だから「これが自分。これが自分のもの」などと、とらわれて苦しむな……これが、最初期の仏教で説かれた無我の教え。空海のいう「五蘊《ごうん》の仮我《けが》」です。つまり〝自分〟とは、心、感覚、思い、意志、体という五つの要素から、仮に成り立つものでしかない、と。

35×138cm

一方、「無我の大我」とは、そういった無我の真実に目覚めて、その真実そのものに仏のいのちを見たもの。そこでは、いつでも、どこでも、誰でもが、もともと仏の御手《みて》の中。あとはただ、それに気づくか、どうか。

無我大我。（『性霊集』「叡山の澄法師の理趣釈経を求むるに答する書」）

形有り識《こころ》有るものは必ず仏性《ぶっしょう》を具《ぐ》す

平等で尊い仏のいのち

虹の色が様々でも、それは一つの太陽の光。波に大小があっても、それは一つの海の水。全てのいのちあるものも、これと同じ。その心にあるのは一つの真実、一つの光。みな平等で、尊い、仏のいのちです。それが仏性。

高野の開山にあたって、空海は今、この真実を高らかに宣言します。そして、この地は、全てのいのちあるものへの恩に報いるため、その真実に思いを潜める、瞑想の道場。

その守護神に迎えるのは大自然や天地の神々、歴代天皇や皇后の御霊《みたま》。日本古来のアニミズムと密教が融合した、調和に満ちたマンダラの世界が花開きます。

有形有識。必具仏性。（『性霊集』「高野建立の初の結界の時の啓白文」）

有形不識必是佛性

性靈集語 弘掟書

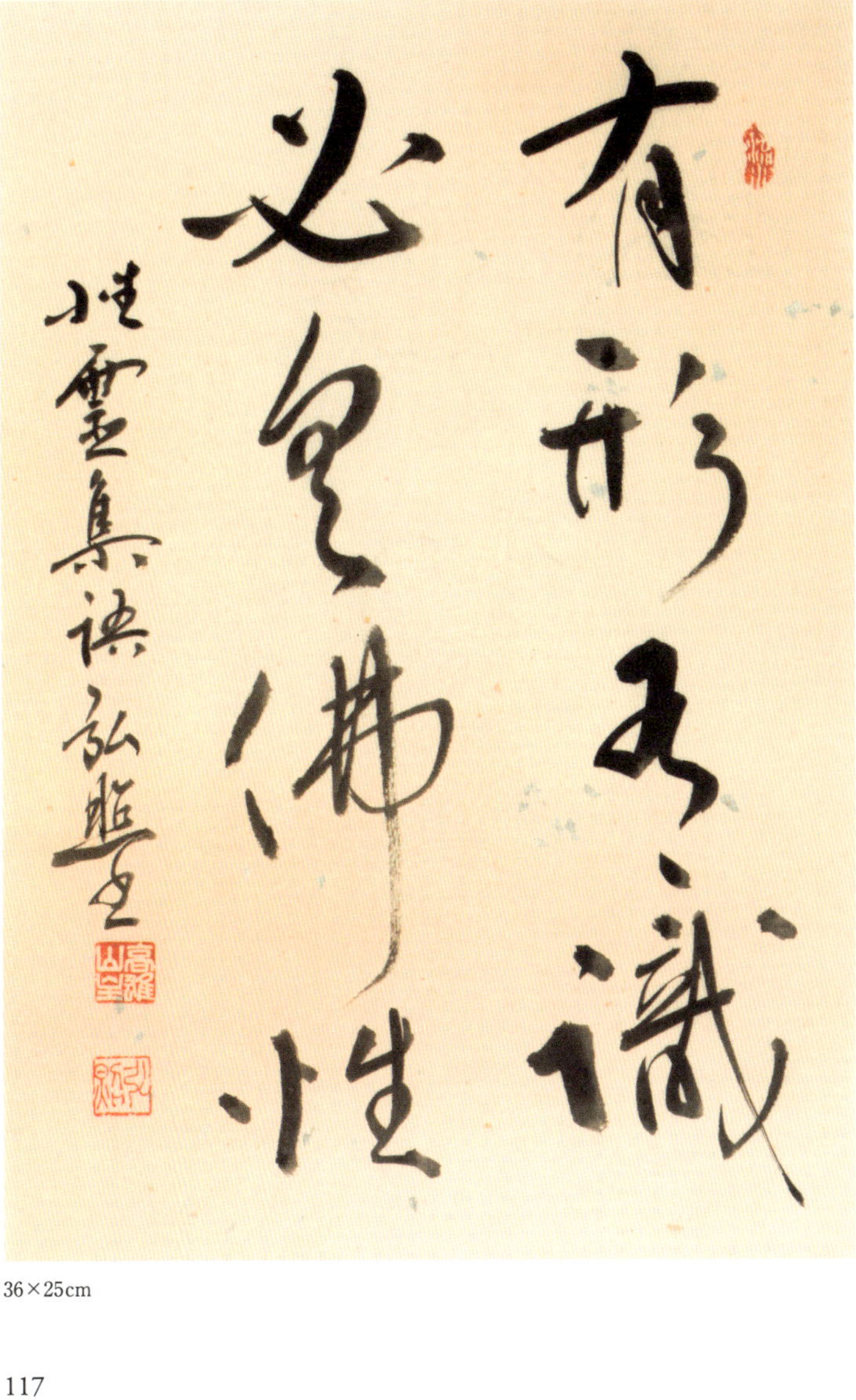

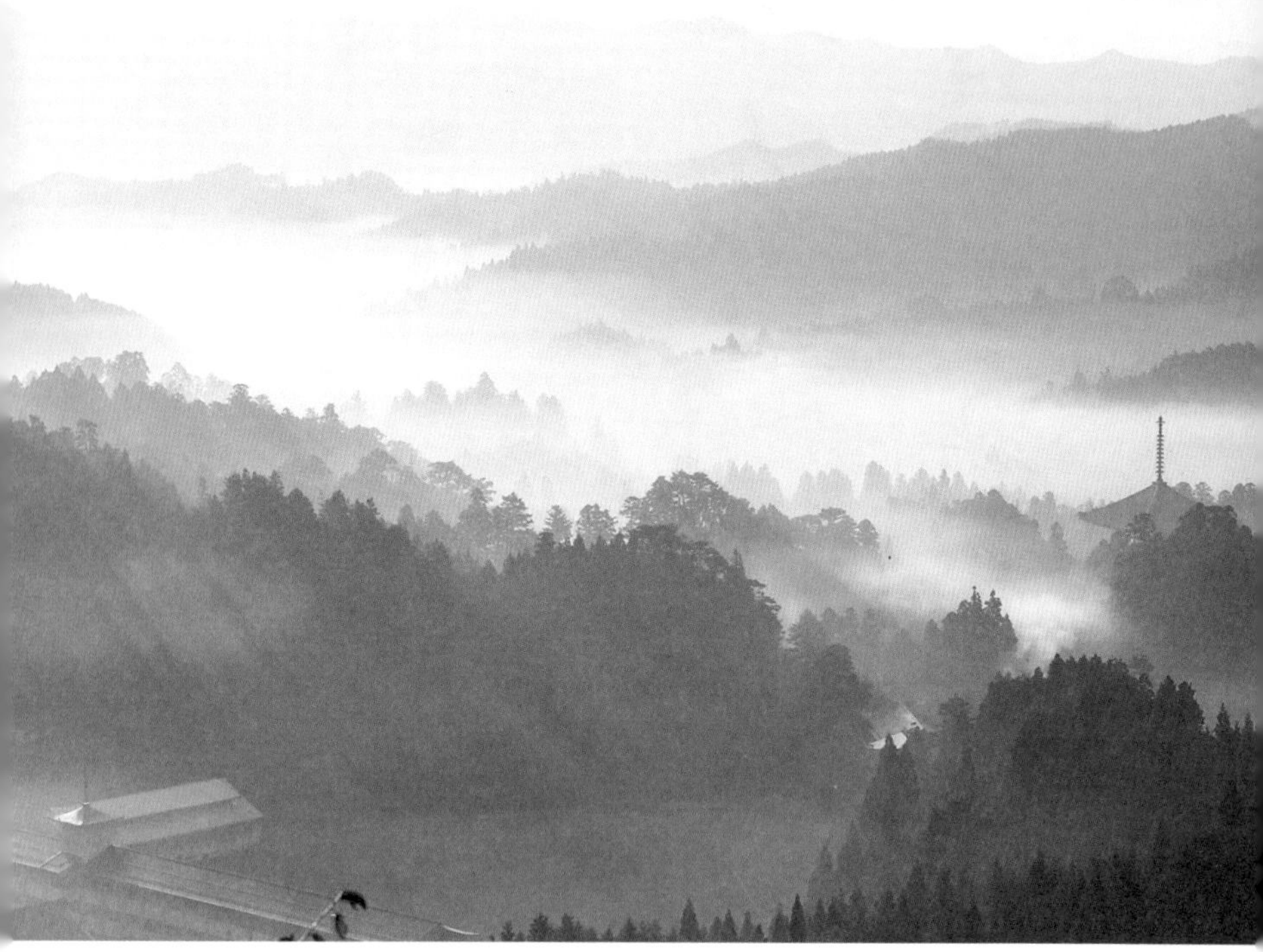

霧の高野山〈写真：永坂嘉光〉

四

永遠の願い——涅槃《ねはん》の章

悲しい哉《かな》、悲しい哉。悲《ひ》の中の悲なり

悲しみを超えて行く空海の声

ふっと吹いたやさしい春風に、桜の花びらがひらひらと宙を舞う。ひやっと感じる晩秋の風は、色づいた木の葉を大地へと招く。愛する人との別れに、思わず、浮かぶ涙。……どれも、不思議のないこと。

いのちには、不思議はない。ただ、移ろい行くままに、移ろい行く。それを、そのままに味わえば、心の重荷はひとりでに消えて行く。優しい暁に導かれて登る朝日のきらめきの前に、夜の闇が静かに去って行くように。

愛弟子、智泉の死を悲しむ空海の声。それは、悲しみの中に悲しみを超え行く声。人の心のままに、人の心を超え行く声。

悲哉悲哉。悲中之悲。（『性霊集』「亡弟子智泉が為の達嚫文《だっしんもん》」）

悲哉々々　哀中之悲

性靈集語　為雄山主弘延

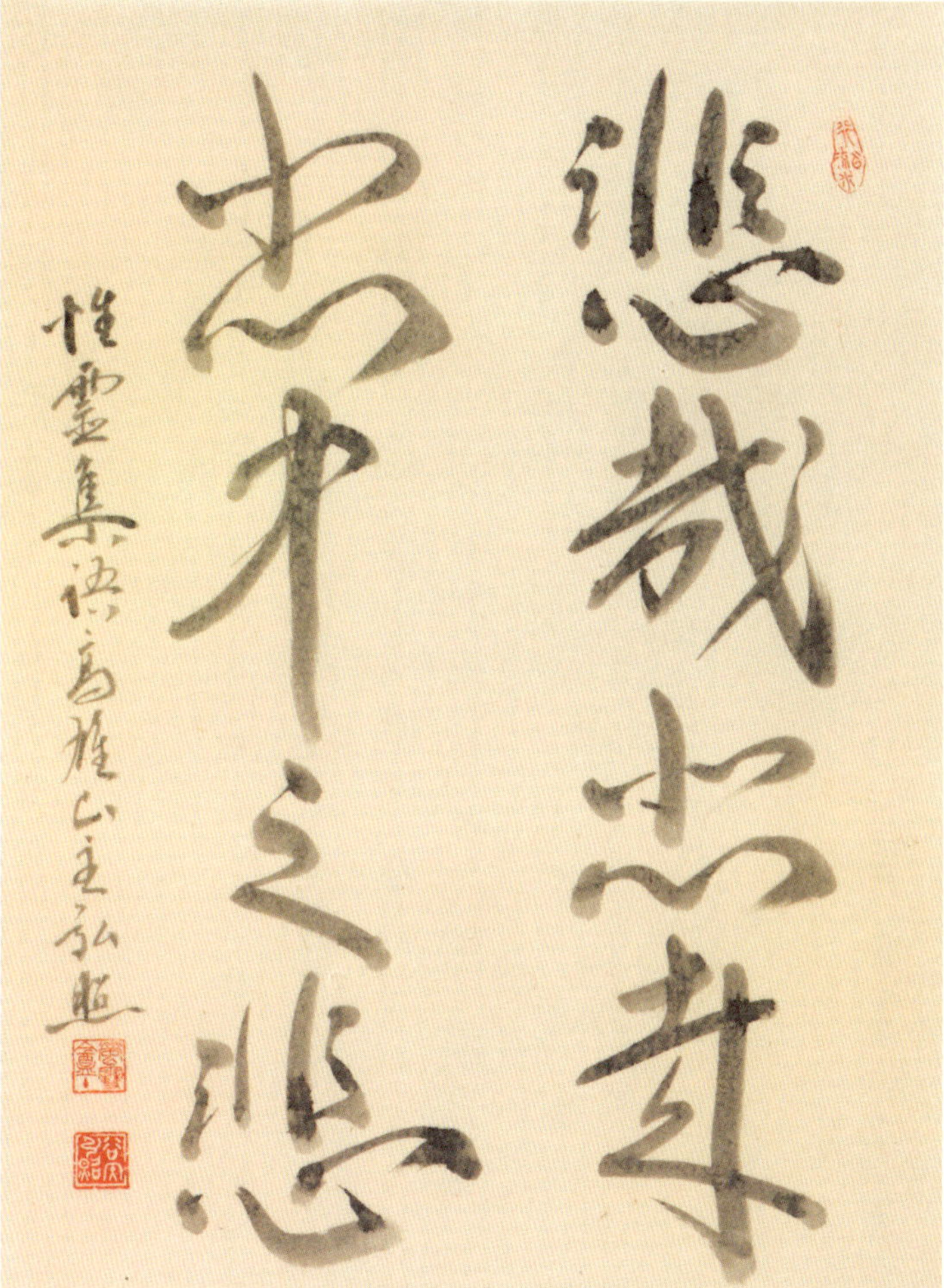

不《ふ》摂《しょう》にして摂《せっ》したまえ

救わずして、救う

生まれることも、死ぬこともない。この世に来ることも、去ることもない。それが時をつらぬく真実のいのち。大空のように果てしなき、永遠の光。

人の苦しみもこれと同じ。本当は苦しむ者も、そこから解放される者もいない。「摂」とは救い取ること。でも本当は救う者も、救われる者もいない。なぜなら、人も仏も、もともとその光を生きているのだから。

けれど、人は涙し、仏は慈悲を垂れる。この世で人はそうせざるを得ないから、仏もまた、そうされる。無常の世に響き合う、人と仏の真心。「救わずして、救いたまえ」

……死せる愛弟子のために祈る、空海。


不摂而摂。（『性霊集』「亡弟子智泉が為の達嚫文」）

65×99cm

物の興廃は必ず人に由る

何をなすのも人

市場原理主義から金融危機へ、ここ数年で世界は本当に大きく変わりました。政治・経済を始め、あらゆる分野でその対応が急務となっていますが、残念ながら、あまりの時代の流れの早さに、なかなか追いつくことができないようです。

ともあれ、何をなすのも人。そのためには、確かな考え方が必要です。そして、それを養うのが教育。こうした信念にもとづき、空海は綜芸種智院《しゅげいしゅちいん》を開きました。日本最初の庶民に開かれた学校です。これは、その設立趣意書の言葉。

残念ながら、これは経済的事情で空海没後には早々に閉鎖となりました。でも、その理想は、私たちも今、次の世代のために振り返ってみる価値がありそうです。

物之興廃必由人。人之昇沈定在道。（『性霊集』「綜芸種智院の式」）

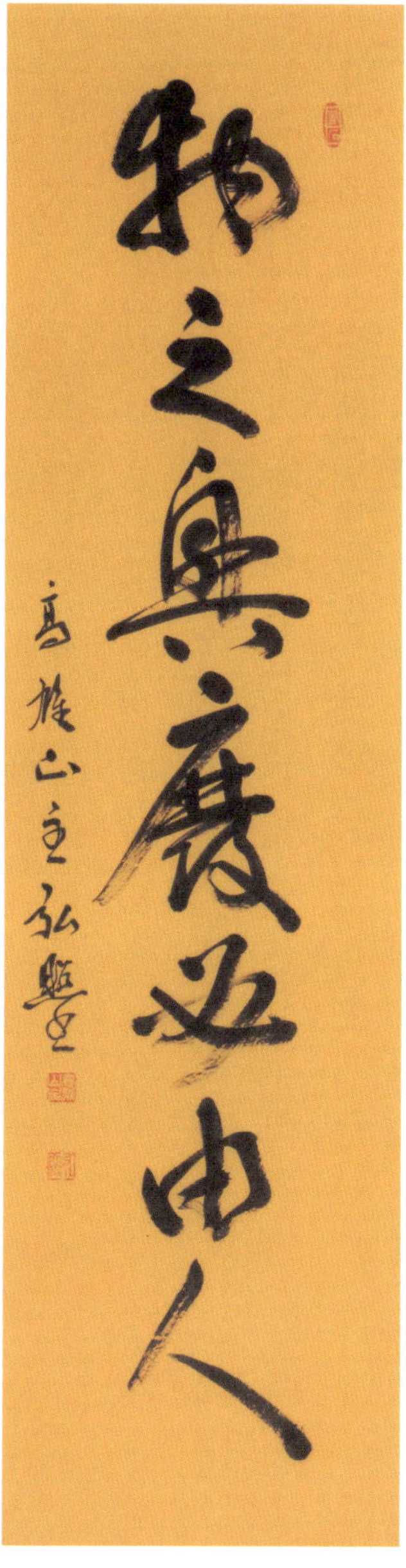

132×35cm

悪平等　善差別《しゃべつ》

平等の中に区別を見る

ああでもない、こうでもない、と口角《こうかく》泡を飛ばしたあげくの膠着《こうちゃく》状態。よく会議などで見られる光景ですね。「何だかなあ」という虚しさも感じる一幕です。

ほとんどの意見には、それなりの理由がありますから、その限りでは正当なもの。でも、だからといって横並びで皆同じ、というのは「悪平等」ですね。やはり、的確な意見と、それほどでもない意見の違いはあるはずです。これが「善差別」。二つの違いを見極める、確かな判断が大切です。

なお、仏教でいう「差別」は、現代語でいうような「他を貶《おとし》める」という意味ではなく、単なる「区別」ということです。読みも「しゃべつ」。

悪平等者。未得為得不同為同。善差別者。分満不二即離不謬。（『十住心論』）

惡平等善差別

十住心論述弘䛓

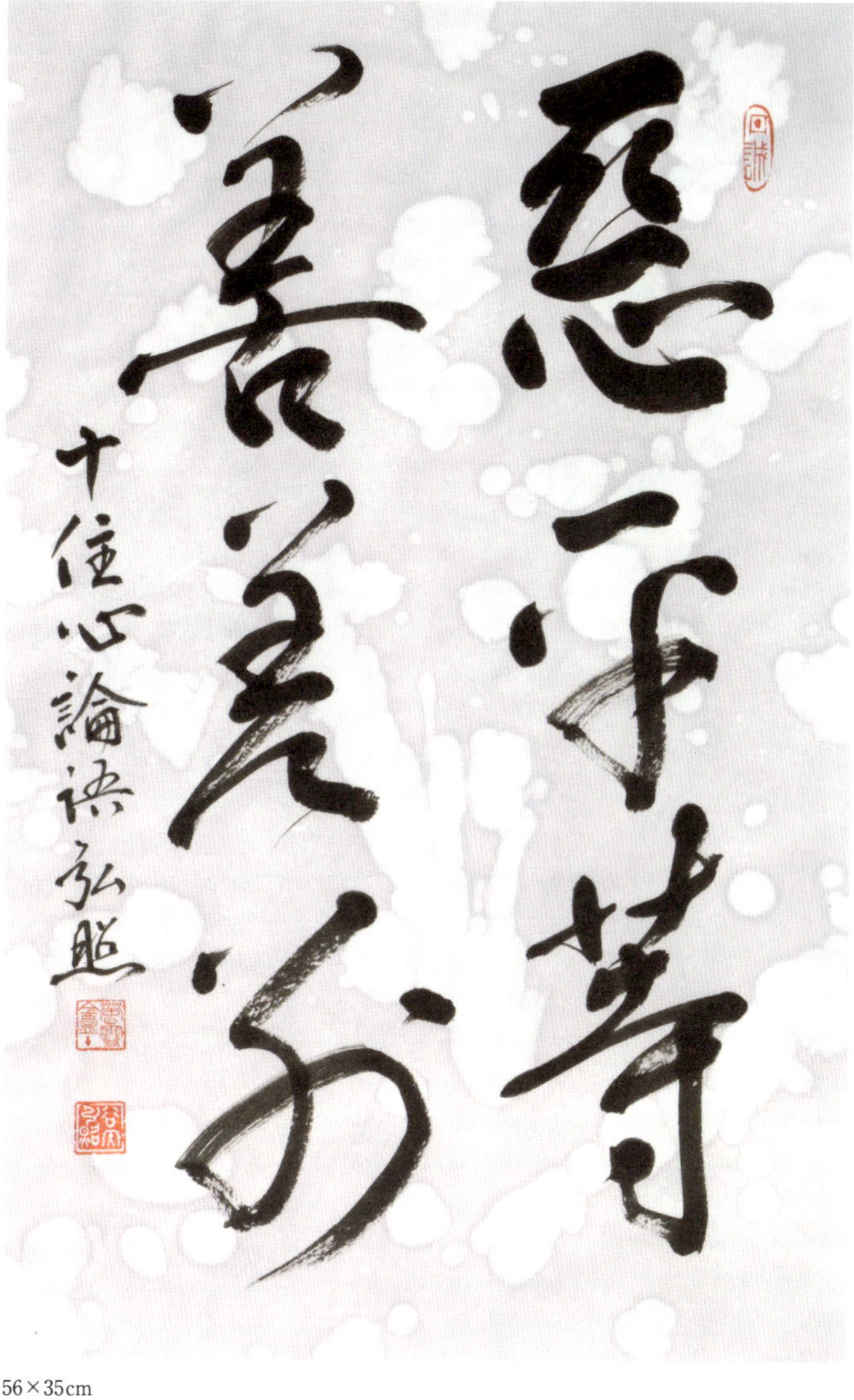

文《もん》は是れ糟粕《そうはく》なり、文は是れ瓦礫《がれき》なり

言葉では語り尽くせぬもの

海の水の塩辛さは、味わってみなければわかりません。人の雰囲気も、会ってみて始めて実感できるものですね。直接に、触れ合うこと。それによって受けた印象を、言葉の説明で代えることはできません。空海はいいます。「言葉は粕《かす》や瓦礫のようなもの。それだけでは意味がない」と。

人生も、仏の教えも、体当たりしてこそ、本当の味わいがあります。葛藤や失敗もあるかもしれません。しかし、その積み重ねの中にこそ、真実が見えてきます。言葉では、語り尽くすことができないもの。それを知るには、ただ出会いの不思議に身をゆだねて、自ら味わってみるしかないのでしょう。

文是糟粕。文是瓦礫。（『性霊集』「叡山の澄法師の理趣釈経を求むるに答する書」）

50×38cm

書は散《さん》なり

書は、心と万物との響き合い

悠々と広がる雲、風にたなびく草、獲物をねらう獣の爪……大自然は、本当にいろいろな〝かたち〟で満たされています。そして、そのそれぞれに、柔らかさ、流れ、鋭さなど、固有の〝勢い〟があります。その〝かたち〟と〝勢い〟に思いを託して、それを書の筆勢に表すこと、それがこの言葉の意味です。「書とは、心を万物と響き合わせることである」。

密教の瞑想を指す「瑜伽《ゆが》＝ヨーガ」という言葉のもともとの意味は「結び付けること」。聖なるものとおのれを響き合わせ、合一させることです。これは、空海の書についての考え方とも深く通じるもの。空海において、書と密教は一つです。

書者散也。（蔡邕『筆論』、『性霊集』「勅賜の屏風を書し了《おわ》って即ち献ずる表」）

71×52cm

心垢《しんけがら》しければ境濁《きょうにご》る　境閑《しず》なるときは心朗《ほが》らかなり

環境は人の心を映す

近代西洋文明の中心テーマは「自我の確立」。それによって、ひたすらおのれの利益を図り続けたことにより、結局、自然も人間も、そのための〝ただの道具〟になってしまいました。そこでは、それらが「どれだけ利用できるか」ということばかりが目に入って、それぞれに固有の価値は見失われてしまいます。

つまるところが環境破壊。その一つの要因ともされる二酸化炭素について、排出削減を図るのは結構ですが、削減率を商取引の対象にしようとするあたり、近代の病はかなり重症、なのかもしれません。こんな様子を、「心が汚れれば環境も汚れる」「静かな環境ならば心も澄む」といった空海が見たら、何というでしょう？

夫境随心変。心垢則境濁。心逐境移。境閑則心朗。（『性霊集』「沙門勝道山水を歴《へ》て玄珠を瑩《みが》く碑」）

心治則境榮，境寂則心明

性靈集語　弘毅

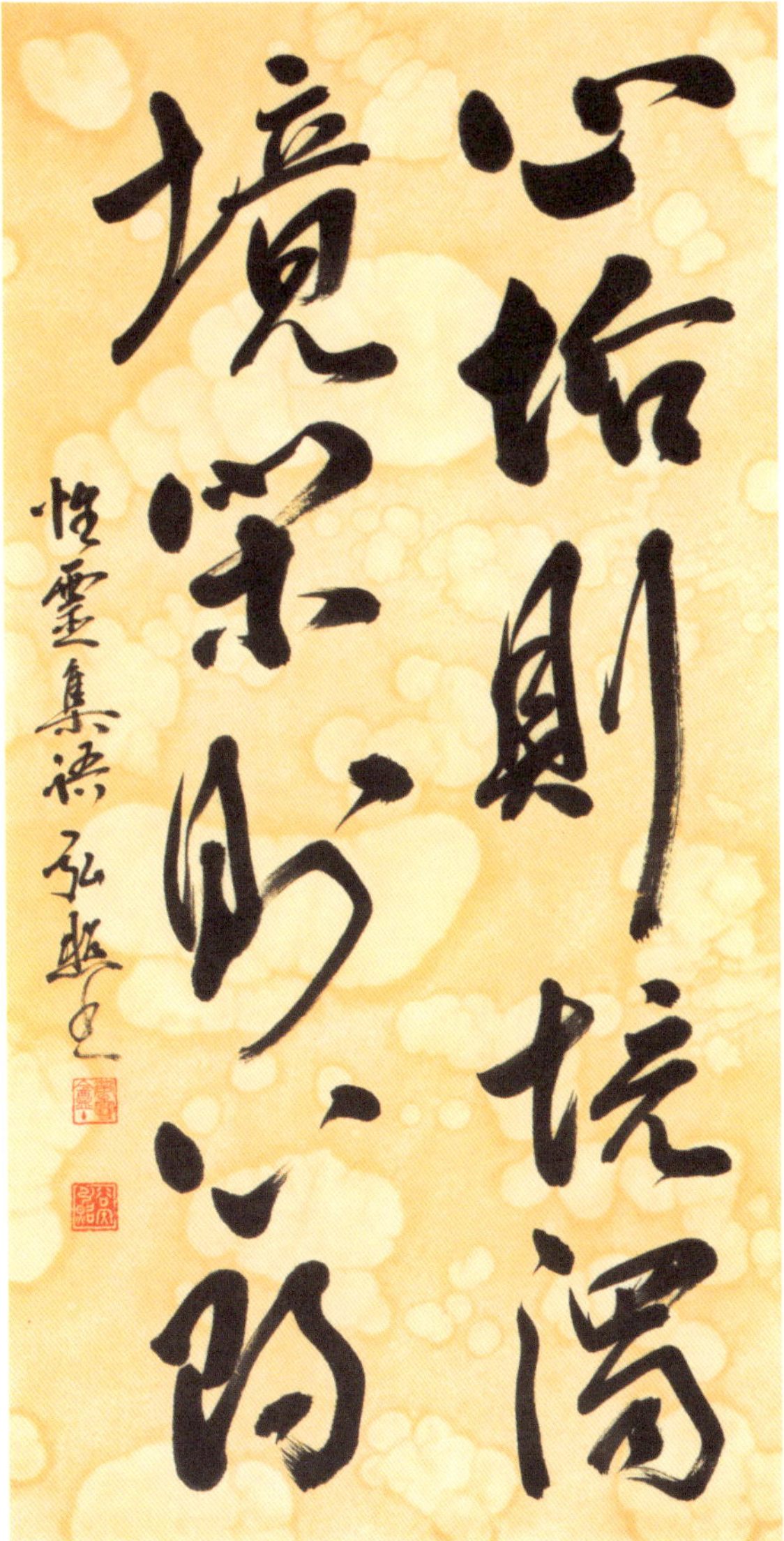

一鳥《いっちょう》声有り、人《ひと》心有り

鳥のうたに心は応えて

〝和尚さまは、とっても早起き。日の出前の真っ暗な森で、ボクが鳴くと、もう、黄色い衣《ころも》で、坐ってるよ。チラチラ揺れる灯火《ともしび》で、ほのかに照らされた、ちっちゃなお堂。独り坐って、流れる清水のような声で、何かを低く唱えてる。冷んやりした朝の風。そよそよっ、ざわざわっ。ブッポーソー、ブッポーソー。〟

空海のいちばん有名な詩にうたわれた〝仏法僧《ブッポーソー》〟と鳴く鳥が、作者の〝和尚さま〟へ、お礼のうたをさえずったみたいですね。では、空海のもとの詩は……

「明け方、森の庵《いおり》に独り坐す。一羽の鳥のさえずりに、仏法僧《ぶっぽうそう》の御名《みな》を聞く。鳥に声あり、人に心あり。声と心と雲と水。ただ、そのありのままに、いのち輝く」。

一鳥有声人有心。声心雲水倶了了。（『性霊集』「後夜《ごや》に仏法僧の鳥を聞く」）

138 × 35 cm

真俗《しんぞく》離れず

本当の教育をめざして

昨今、教育の荒廃がいわれます。でも、それをもたらしたのは、大人。大人が荒廃するから、教育も荒廃し、子供も荒廃する。ただ、それだけのことです。

さて、これも、空海が構想した学校、綜芸種智院の設立趣意書にある言葉。「真実を求める精神性と一般社会での知識を、分けて考えることはできない。これが、私が師から受けた教えである」と。綜芸種智院の大きな特色には、庶民教育以外にも、宗教と一般社会の両方の教養が学べるように配慮されている点があります。「産学連携」の名のもとに、実質的には教育が世間の打算に取り込まれていく現代。この言葉、ちょっと厳しい警鐘に聞こえませんか？　〝真〟もお忘れなく。

真俗不離。我師雅言。（『性霊集』「綜芸種智院の式」）

50×36cm

医王《いおう》の眼には途《みち》に触れて皆な薬なり

人生はかけがえのない学びの場

人生には楽しいこと、つらいこと、いろいろとあります。楽しいことばかりあれば、とも思いますが、それではふと立ち止まって人生を考え直すこともなく、進歩もありませんね。つらいことに出会い、考え、努力して、乗り越えてこそ、本当の楽しみがあるもの。結局、人生の全てが、かけがえのない学びの場です。

それを見いだすかどうか。それはただ、自分の見る眼次第。「優れた医師の眼は、道ばたに生えるどんな草にも、薬草としての効用を見抜く」……見る眼さえあれば、小さな『般若心経《はんにゃしんぎょう》』にも、仏教の全てを読み取ることができます。さらにいえば、人生の出来事全てが仏の説法である、ともいえるでしょう。

医王之眼触途皆薬。解宝之人礦石見宝。（『般若心経秘鍵』）

醫王

醫雖王之眼觸途中藥
高雄六之弘藝書

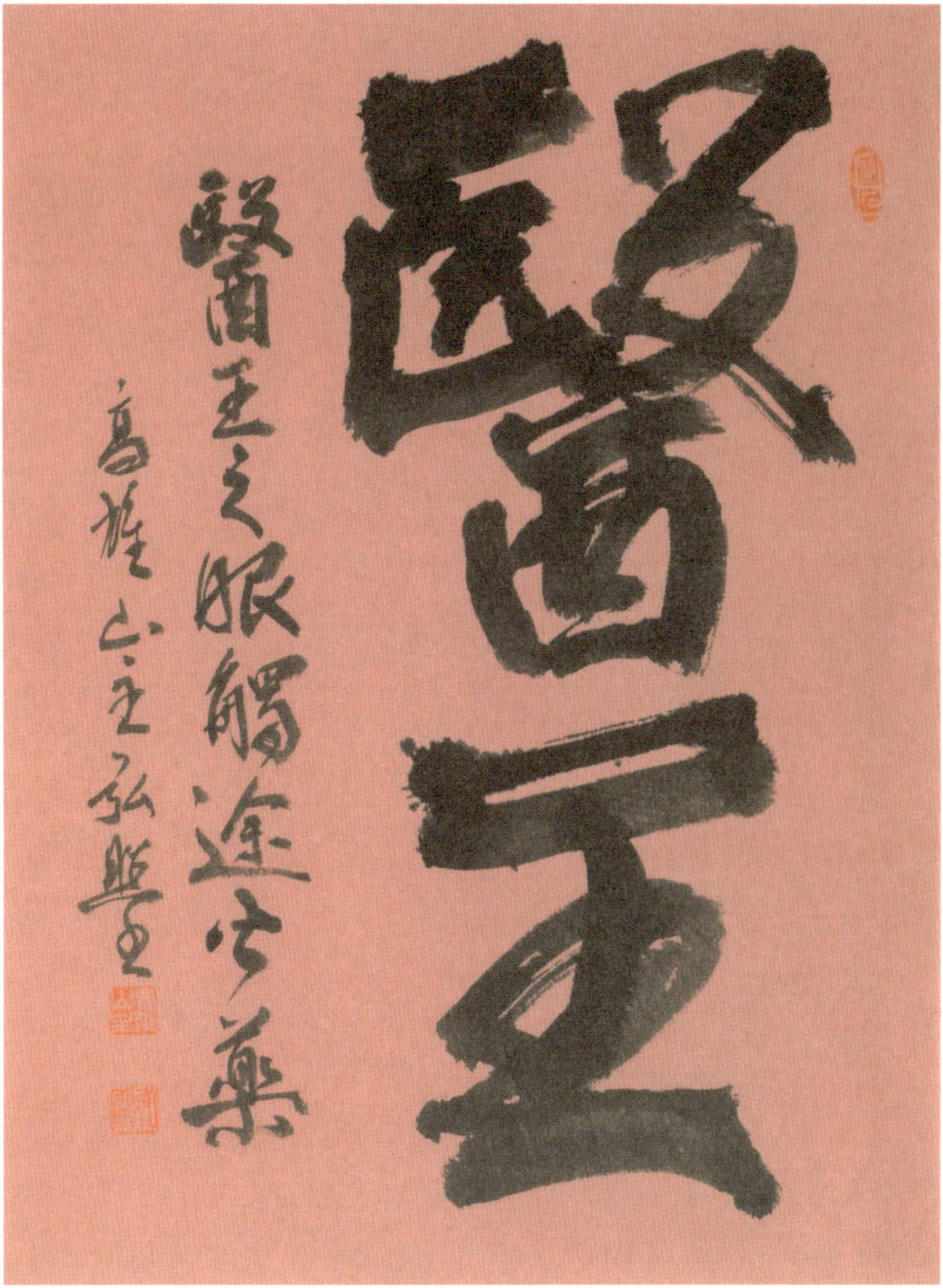

66×49cm

苦を見て悲《ひ》を起すは観音の用心なり

慈悲とは、共感する心

つらい時、その気持ちをわかってもらえるだけでも、とても勇気づけられるものですね。たとえ、直面する問題の解決のてだてがすぐに見つからなくても、心により添ってくれる人がいるだけで不安は遠のき、落ち着いて考えることもできるようになります。そうなれば、やがては良い思案も浮かんでくるでしょう。

観音とは「観世音《かんぜおん》」の略。世の中に響く、救いを求める全ての人々の声を観《み》る、という意味です。「苦しみを見てあわれみを起すのが、観音の心持ちである」。観音の心を一言でいえば「慈悲」ですが、それを英語でいうならcompassion. つまり「共感する」「共に苦しむ」ということです。

見苦起悲。観音用心。（『性霊集』「僧中璟《ちゅうけい》が罪を赦《ゆる》されんことを請う表」）

54×47cm

一切の男子《なんし》は是れ我が父、一切の女人《にょにん》は是れ我が母

いのちあるものの恩に報いよ

戦後六十余年、幸いにも日本は平和に過ごしてきました。でも、今でも世界の至るところで、紛争が続いています。そんな中で、仏教徒の平和運動家として国際的に知られているのが、チベット仏教の最高指導者ダライ・ラマ十四世。常々、法王は「全人類への普遍的責任」を訴えていますが、これがもとづくのは仏教の慈悲の心。そして、それは、チベットでは伝統的に「全てのいのちあるものには、始まりも知れぬ永い輪廻において、一度は母としての恩を受けたこともあったはず。だから、その全ての恩に報いなければならない」と説かれます。

空海がここでいうのも、全く同じこと。仏教は一つです。

一切男子是我父。一切女人是我母。（『心地観経』、『性霊集』「仏経を講演して四恩の徳を報ずる表白《ひょうびゃく》」）

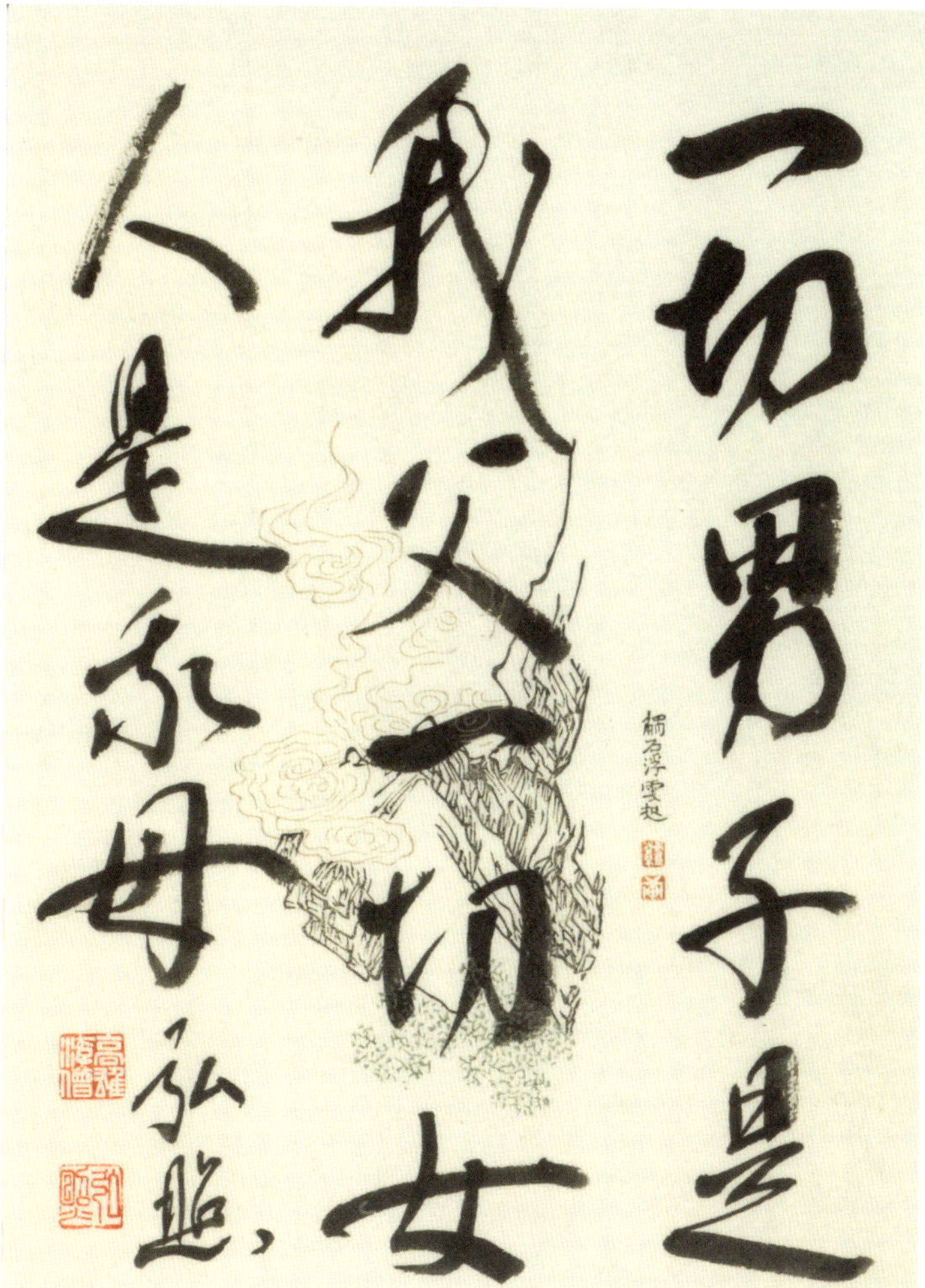

27×18cm

師《し》資《し》の道は父子よりも相《あい》親し

志を共にする者のきずな

道も教えも、ただ、それを行う人にかかっている。これは空海の生涯を通しての信念です。特に密教では、真実はそれを伝える人のほかに、求めるべくもありません。だから、「真実を伝える師と、それを受け継ぐ弟子は、いわば世にそれを証《あかし》して、人々のために働いていく同志。肉親よりも、そのきずなは深いのだ」と。そして、そのきずなの根本は、仏教徒の倫理である「戒」。日本における戒律復興の多くは、空海の後継者たちから起こったものでした。

志を同じくする者が、力を合わせて働く。そのためには、まずは自分自身がしっかりとしなければ……これは、一般社会でも大切なことですね。

師資之道相親父子。（『弘仁遺誡』）

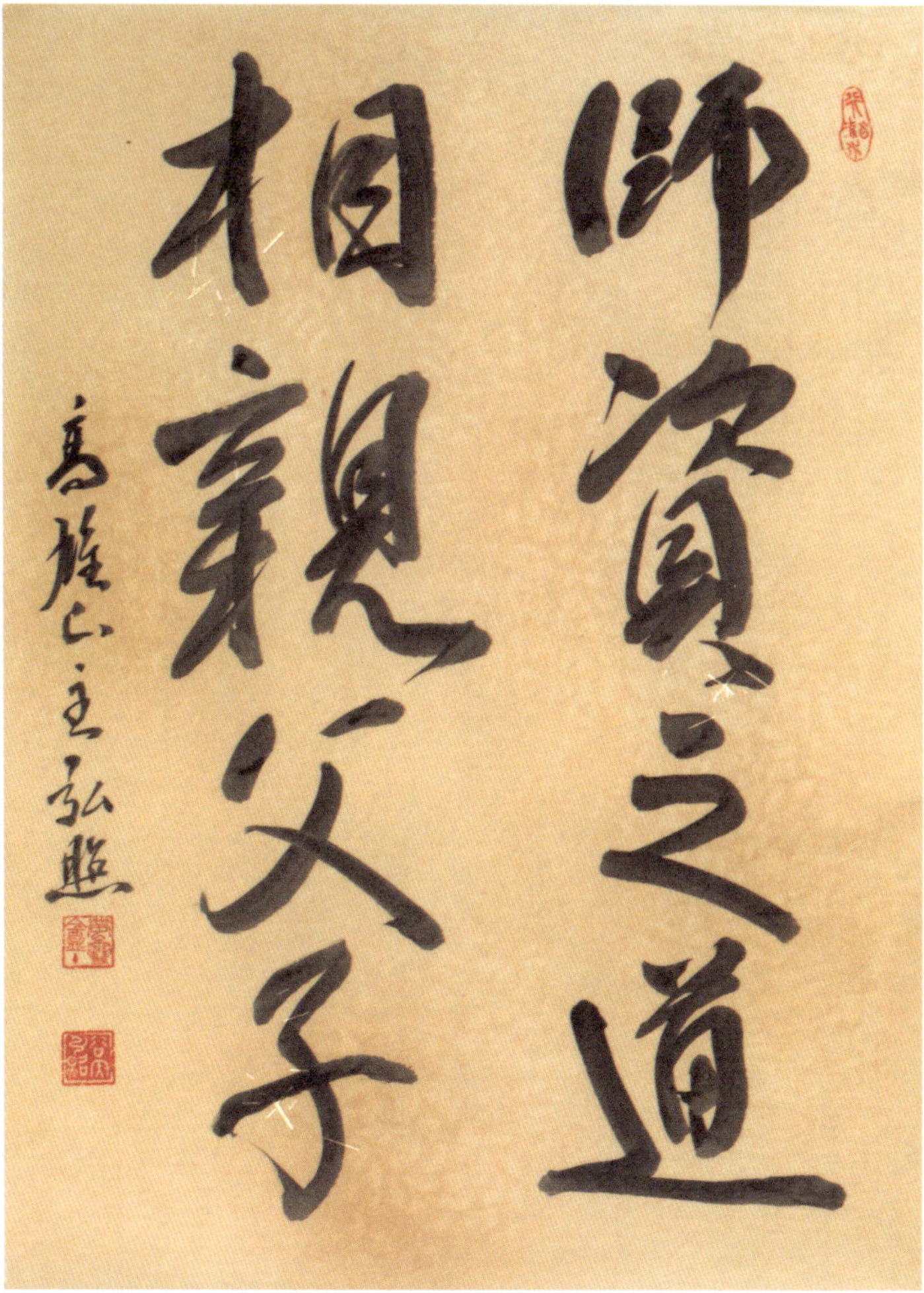

50×36cm

大《だい》空《くう》三《ざん》昧《まい》

智慧は、何事にもとらわれなく

人の苦しみは、込み入っているように見えて、その理由は、案外、単純なもの。望むものが手に入らず、避けたいものと出会ってしまう……結局、こんな「好き嫌い」に収まってしまうようなところがあるようです。でも、こんなこといってたら、いつまで経っても苦しみは付いて回りますね。「好き嫌い」を

17×54cm

捨てること、とらわれを離れること。それが仏教が説く、楽になる秘訣です。
人生の出来事は、大空の光のきらめきのようなもの。遠くから見れば、どれも、なかなかに美しい。それらにとらわれるのでもなく、かといって、退けるのでもない心が「大空三昧」。つまり、仏の智慧です。

大空三昧是吾妃。（『性霊集』「十喩を詠ずる詩」）

法界無縁《ほうかいむえん》

慈悲は、自他の隔てなく

「生まれる前から赤い糸で結ばれた二人」などといいますが、出会った以上は、どんなにつらくても、いつかは別れなければならないのが世の定め。亡くなって、その墓を供養する人もいなくなれば、「無縁仏」ともいわれます。

でも、悟りの世界、つまり「法界」では、本当は誰もが「無縁」。なぜなら、そこでは「私」とか「他人」とかの区別は消え去って、ただ、大空のように隔てない、真実のいのちの輝きがあるばかりですから。「誰が」というこだわりなんて、もうありません。こうしたいのちの輝きに立って、全てのいのちあるものをわが身のように気づかう。それが仏の慈悲です。

観法界無縁一切衆生。猶如己身。(『三昧耶戒序』)

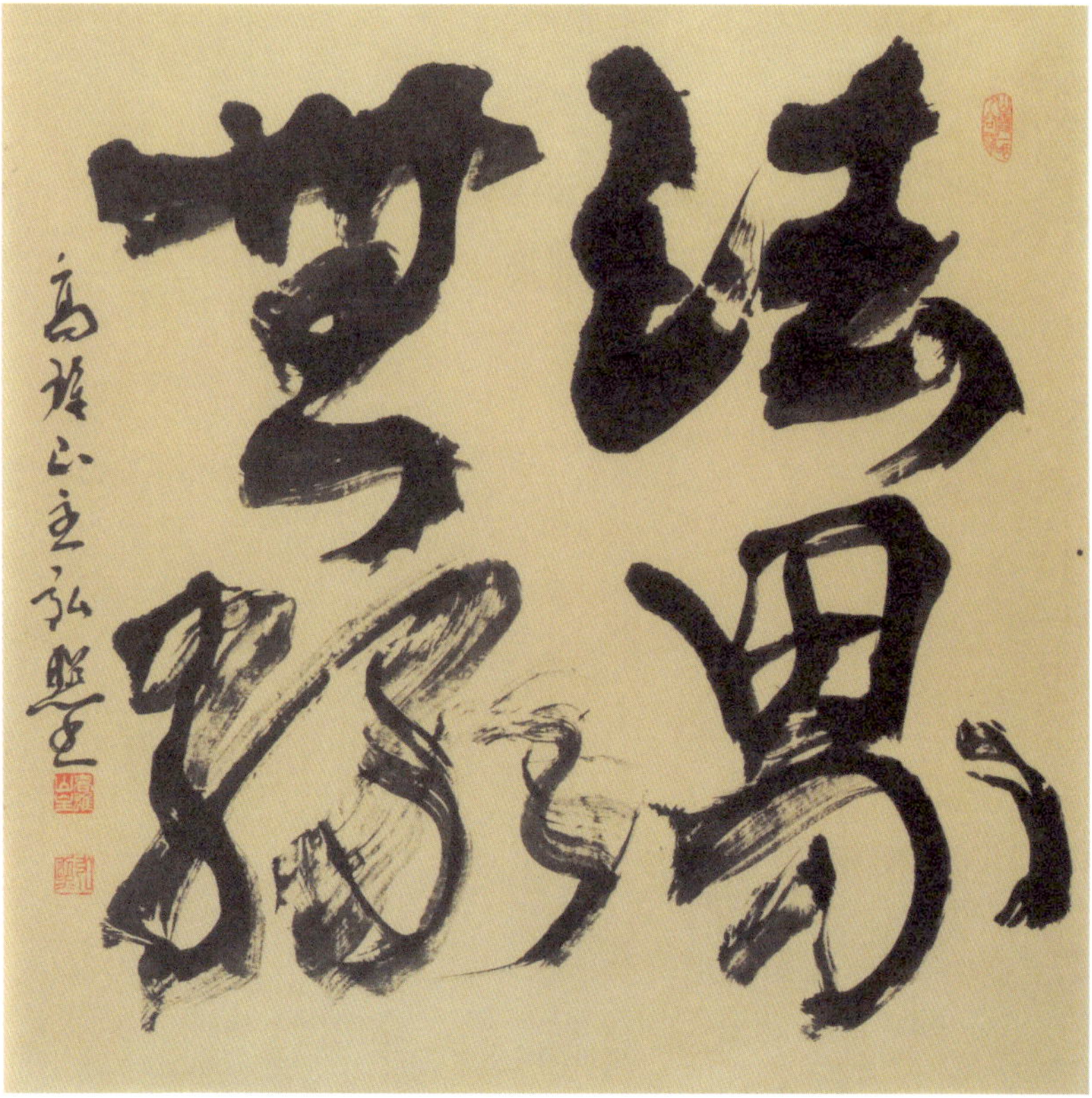

68×68cm

時として暫《しばら》くも忘るることなし

志は、絶え間なく

「初心忘れるべからず」といいますが、「初心」とは、もとは仏教語。「初発心《しょほっしん》」、つまり、初めて仏の道に志を起すことと、同じ意味です。

いつか、仏になることを目指して修行を続けるのが菩薩。その菩薩が、修行の初めに起した「仏になろう！」という志が「菩提心《ぼだいしん》」です。空海は、この菩提心には信心、慈悲、智慧、瞑想の四つが含まれているとします。そして、特に後の三つは、修行中の菩薩だけでなく、悟りを開いた仏も「自らの戒めとして、一時も忘れることがない」と。初心忘れる

35×138cm

べからず……最初に立てた志を、絶え間なく育み、実践し続けるただ中にこそ、その志の実現があります。

如来以此大悲勝義三摩地為戒。無時暫忘。（『三昧耶戒序』）

方便《ほうべん》を究竟《くきょう》とす

救いの働きは、終わりなく

もしかしたら、生きているものには「完成」はないのかもしれません。なぜなら、「完成」とは、言葉を変えれば「停滞」、つまり、死ともいえますから。

密教において、仏の智慧は「菩提心を原因とし、大いなるあわれみを根本とし、いのちあるものを救う具体的な手だてを究極とする」といわれます。

仏の智慧は、この世に苦しむ者がいる限り、その救いの働きをやめません。終わりはないのです。「究竟」とは究極、つまり「完成」のことですが、それは実に、終わりない働きのただ中にあるものでした。そして、空海も、その最期まであと僅かという時に、そのような智慧を目指す、ある願いを立てることになります。

菩提心為因。大悲為根。方便為究竟。（『大日経』、『十住心論』）

方便為究竟

大日経洪島掬山主弘磐

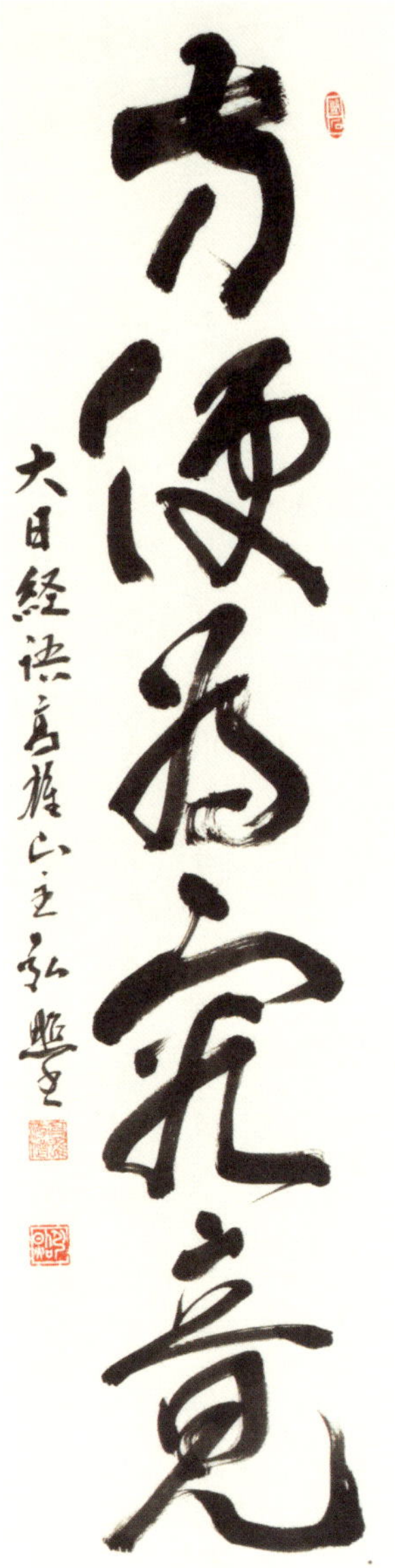

虚空《こくう》尽き、衆生《しゅじょう》尽き、涅槃《ねはん》尽きなば、我が願いも尽きん

同行二人《どうぎょうににん》への旅立ち

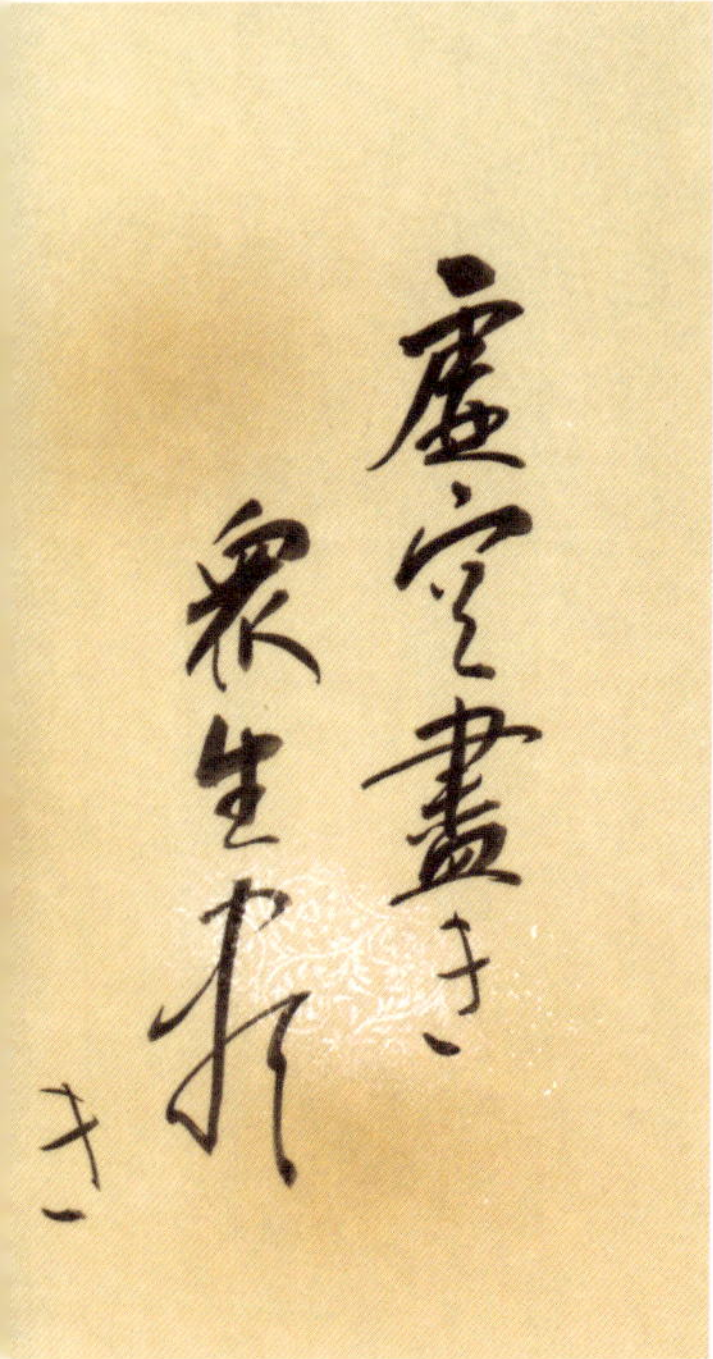

星の光は、何億年もの時を経て地球に届く。もしその間に、もとの星が死んでしまったとしても、そのきらめきは、確かに私たちに届くでしょう。菩薩の願いも、これと同じ。遠い時を経ても、確かに私たちに届いて、救いの働きをする。……これは、故梶山《かじやま》雄一《ゆういち》先生が紹介された、あるアメリカの学生の美しい喩えです。

空海は晩年、高野山で仏たちに無数の灯明《とうみょう》を捧げて、誓います。「全てのいのち

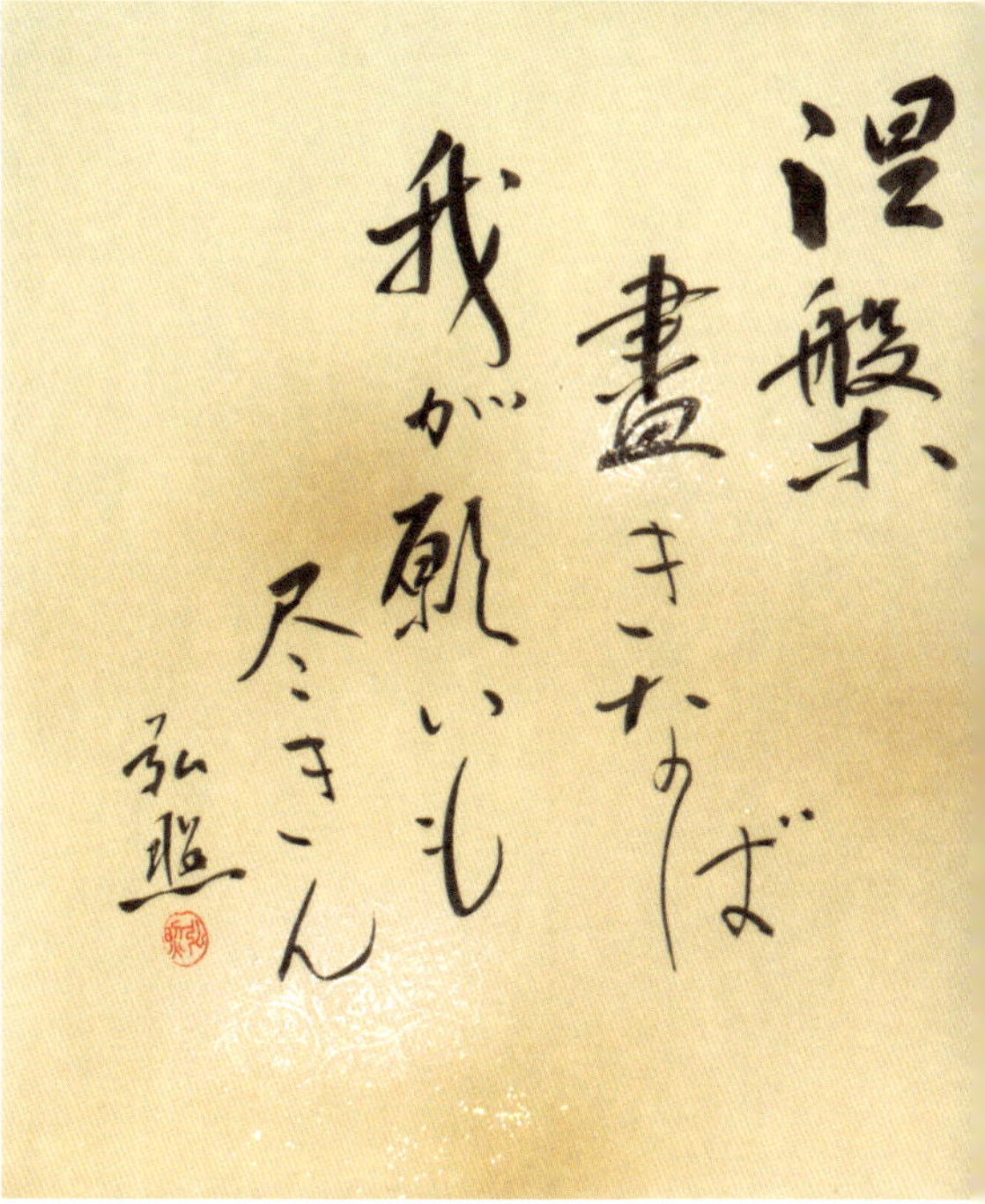

38×50 cm

あるものへの報恩のわが願い。それは大空があり、いのちあるものがあり、永遠なる涅槃がある限り、決して尽きぬように！」と。時を超えて、全ての救いを求める人々と共に歩む「同行二人」。今、空海は、その永遠の旅へと歩み出します。

虚空尽。衆生尽。涅槃尽。我願尽。（『性霊集』「高野山万灯会の願文」）

あとがき

京都の西北に位置する高雄山寺《たかおさんじ》（現在の神護寺）は、奈良時代末期に和気清麻呂公によって創建された。弘法大師空海が高雄山寺にご入山されたのが大同四年（八〇九）である。弘法大師は以来十四年余りこの寺に住持し、弘仁三年（八一二）にはこの場所で伝教大師最澄らに真言密教の灌頂《かんじょう》を授けることとなる。そして高雄山寺を中心に高野山や東寺へとご活躍の場を広げ、真言密教の教えを広めると共に、味わい深い詩や碑文などの名句を数多く残された。

弘法大師の語られた大自然に相応する真実のことばを知らずに過ごすのは余りにも勿体ないように思う。

「冒地《ぼうじ》の得難きには非ず、此の法に遇うことの易からざるなり」

弘法大師が恵果和尚と出会い密教を伝授されたことを喜び、悟りを得ることよりむしろ、悟りへ導く真実の教えに出会うことの方が容易ではないのだとおっしゃられた。

今一度、風の光や大地の鼓動に耳を澄まして、弘法大師のことばをよく味わってみてほしい。

神護寺昭和の中興、谷内清巖老師は能書家で墨跡を通して仏の教えを広め、人々の心のよりどころとなった。私も本書を通して弘法大師の御心を一人でも多くの皆様方にお届けできれば望外の喜びである。

松長有慶管長猊下には勿体なくも御推薦のお言葉を賜り心よりお礼申し上げる。また日頃ご指導いただいております諸先生方、出版に際しご協力いただいた方々に重ねてお礼申し上げる。

平成二十三年一月

高雄山　神護寺貫主　谷内　弘照

安元 剛（やすもと・つよし）

1966年、東京都生まれ。株式会社起心書房代表取締役。密教・密教美術研究者。上智大学文学部哲学科中退。仏教専門出版社に約17年勤務してインド仏教と密教に関する書籍を中心に企画・担当した後、独立。その間、研究を続けながら真言宗関係者との交流を深め、ゲルク派を中心とするチベット仏教僧からも教えを受ける。また、学生時代以来、西洋古代・中世のキリスト教の思想と美術にも関心を持ち続ける。論文として「『四種護摩本尊並眷属図像』における降三世マンダラ諸尊について」（『密教図像』21、智泉が写した空海請来図像についての研究）、「北西インドにおける『大日経』系毘盧遮那と三部の作例について」（『密教図像』27）など多数。

谷内 弘照（たにうち・こうしょう）

1955年、京都生まれ。74年、戒師亀山弘応和上に従い得度。78年、高野山大学密教科を卒業。同年、高野山宝壽院道場にて伝授阿闍梨添田隆俊和上に従い中院流により加行成満。同年、大阿闍梨添田隆俊和上に従い中院流により伝法灌頂入壇。79年、先々代住職谷内乾岳師のもと神護寺に奉職。86年、書道家小峰鐵彰師に師事。89年、篆刻家山下方亭師に師事。2004年、神護寺塔頭地蔵院住職に就任。07年、神護寺住職に就任。水明書道会評議員、日本篆刻家協会会員。
ホームページ＝http://www.jingoji.or.jp/

ほっとする空海《くうかい》の言葉《ことば》

二〇一一年三月一〇日初版発行
二〇二四年七月一五日七刷発行

著　者　安元《やすもと》　剛《つよし》
　　　　谷内《たにうち》弘照《こうしょう》

発行者　渡邊也寸美
発行所　株式会社　二玄社
　　　　東京都文京区本駒込六―二―一　〒113―0021
　　　　電話　〇三（五三九五）〇五一一
　　　　Fax　〇三（五三九五）〇五一五

装　丁　藤本京子（表現堂）
印刷所　株式会社東京印書館
製本所　鶴亀製本株式会社

ISBN978-4-544-05134-6 C0014